Lezzetli İspanyol Mutfağı 2023
Yemeklerden Tapaslara İspanyol Lezzetleri

Pablo Martinez

CONTENIDO

ALMOHADILLAS DE POLLO CON WHISKY 23
    INGREDIENTES 23
    DESARROLLO 23
    TRUCO 23

PATO ASADO 25
    INGREDIENTES 25
    DESARROLLO 25
    TRUCO 26

PECHUGA DE POLLO VILLAROY 27
    INGREDIENTES 27
    DESARROLLO 27
    TRUCO 28

PECHUGA DE POLLO A LA MOSTAZA DE LIMÓN 29
    INGREDIENTES 29
    DESARROLLO 29
    TRUCO 30

PINTADA AL HORNO CON CIRUELAS Y SETAS 31
    INGREDIENTES 31
    DESARROLLO 31
    TRUCO 32

PECHUGA DE POLLO VILLAROY RELLENA DE PIQUILA CARAMELIZADA CON VINAGRE DE MODENA 33
    INGREDIENTES 33
    DESARROLLO 33

TRUCO 34
PECHUGA DE POLLO RELLENA DE BACON, CHAMPIÑONES Y QUESO 35
- INGREDIENTES 35
- DESARROLLO 35
- TRUCO 36

POLLO AL VINO DULCE CON CIRUELAS 37
- INGREDIENTES 37
- DESARROLLO 37
- TRUCO 38

PECHUGA DE POLLO A LA NARANJA CON ANACARDOS 39
- INGREDIENTES 39
- DESARROLLO 39
- TRUCO 39

COMPRA SELECCIONADA 40
- INGREDIENTES 40
- DESARROLLO 40
- TRUCO 40

POLLO CON CACCITOR 41
- INGREDIENTES 41
- DESARROLLO 41
- TRUCO 42

ALITAS DE POLLO ESTILO COCA COLA 43
- INGREDIENTES 43
- DESARROLLO 43
- TRUCO 43

POLLO CON AJO 44
    INGREDIENTES 44
    DESARROLLO 44
    TRUCO 45
POLLO CHILINDRO 46
    INGREDIENTES 46
    DESARROLLO 46
    TRUCO 47
ENCUENTROS CON CODORNIZ Y FRUTOS ROJOS 48
    INGREDIENTES 48
    DESARROLLO 48
    TRUCO 49
POLLO AL LIMÓN 50
    INGREDIENTES 50
    DESARROLLO 50
    TRUCO 51
POLLO SAN JACOBO CON JAMÓN SERRANO, TORTA DE CASAR Y ARUCOLA 52
    INGREDIENTES 52
    DESARROLLO 52
    TRUCO 52
CURRY AL HORNO CON POLLO 53
    INGREDIENTES 53
    DESARROLLO 53
    TRUCO 53
POLLO AL VINO TINTO 54

    INGREDIENTES 54
    DESARROLLO 54
    TRUCO 55
POLLO AL HORNO CON CERVEZA NEGRA 56
    INGREDIENTES 56
    DESARROLLO 56
    TRUCO 57
MAMÁ CHOCOLATE 58
    INGREDIENTES 58
    DESARROLLO 58
    TRUCO 59
EJERCICIO DE PAVO AL HORNO CON SALSA DE FRUTOS ROJOS 60
    INGREDIENTES 60
    DESARROLLO 60
    TRUCO 61
POLLO AL HORNO CON SALSA DE DURAZNO 62
    INGREDIENTES 62
    DESARROLLO 62
    TRUCO 63
FILETE DE POLLO RELLENO DE ESPINACAS Y MOZZARELLA 64
    INGREDIENTES 64
    DESARROLLO 64
    TRUCO 64
POLLO AL HORNO CON CAVA 65
    INGREDIENTES 65

DESARROLLO 65

TRUCO 65

brochetas de pollo con salsa de maní.. 66

INGREDIENTES 66

DESARROLLO 66

TRUCO 67

POLLO A LA PEPITORIA 68

INGREDIENTES 68

DESARROLLO 68

TRUCO 69

POLLO NARANJA 70

INGREDIENTES 70

DESARROLLO 70

TRUCO 71

POLLO GUISADO CON BEGROUS... 72

INGREDIENTES 72

DESARROLLO 72

TRUCO 73

PAN DE POLLO CON FRUTOS SECOS Y SOJA 74

INGREDIENTES 74

DESARROLLO 74

TRUCO 75

POLLO AL CHOCOLATE CON ALMENDRAS TOSTADAS 76

INGREDIENTES 76

DESARROLLO 76

TRUCO 77

BROCHETAS DE CORDERO CON PIMIENTOS Y VINAGRETA DE MOSTAZA 78
    INGREDIENTES 78
    DESARROLLO 78
    TRUCO 79
ALETA DE TERNERA RELLENA DE OPORTO 80
    INGREDIENTES 80
    DESARROLLO 80
    TRUCO 81
albóndigas madrileñas 82
    INGREDIENTES 82
    DESARROLLO 83
    TRUCO 83
POLOS DE TERNERA CON CHOCOLATE 84
    INGREDIENTES 84
    DESARROLLO 84
    TRUCO 85
TARTA DE PILLETS CONFITADOS CON SALSA DE VINO DULCE .. 86
    INGREDIENTES 86
    DESARROLLO 86
    TRUCO 87
CONEJO DE MARC 88
    INGREDIENTES 88
    DESARROLLO 88
    TRUCO 89
Albóndigas en salsa de avellanas PEPITORIA 90

INGREDIENTES 90

DESARROLLO 91

TRUCO 91

ESCALOPINES DE TERNERA A LA CERVEZA NEGRA 92

INGREDIENTES 92

DESARROLLO 92

TRUCO 93

EXCURSIONES MADRILLE 94

INGREDIENTES 94

DESARROLLO 94

TRUCO 95

SOLOMILLO AL HORNO CON MANZANA Y MENTA 96

INGREDIENTES 96

DESARROLLO 96

TRUCO 97

ZAPATILLAS DE POLLO CON SALSA DE FRAMBUESA 98

INGREDIENTES 98

DESARROLLO 99

TRUCO 99

ESTOFADO DE CORDERO 100

INGREDIENTES 100

DESARROLLO 100

TRUCO 101

Liebre CIVET 102

INGREDIENTES 102

DESARROLLO 102

- TRUCO ... 103
- CONEJO CON PIPERRADA ... 104
  - INGREDIENTES ... 104
  - DESARROLLO ... 104
  - TRUCO ... 104
- BOLAS DE POLLO RELLENAS DE QUESO Y SALSA DE CURRY ... 105
  - INGREDIENTES ... 105
  - DESARROLLO ... 106
  - TRUCO ... 106
- CARILLADA DE CERDO AL VINO TINTO ... 107
  - INGREDIENTES ... 107
  - DESARROLLO ... 107
  - TRUCO ... 108
- COCHIFRITO NAVARRA ... 109
  - INGREDIENTES ... 109
  - DESARROLLO ... 109
  - TRUCO ... 109
- GUISO DE TERNERA CON SALSA DE NUECES ... 110
  - INGREDIENTES ... 110
  - DESARROLLO ... 110
  - TRUCO ... 111
- CERDO AL HORNO ... 112
  - INGREDIENTES ... 112
  - DESARROLLO ... 112
  - TRUCO ... 112
- Codillo de cerdo con col ... 113

INGREDIENTES 113

DESARROLLO 113

TRUCO 113

CACCIATORES DE CONEJO 114

INGREDIENTES 114

DESARROLLO 114

TRUCO 115

ESCALOPES DE TERNERA MADRILEÑA 116

INGREDIENTES 116

DESARROLLO 116

TRUCO 116

CONEJO GUISO CON SETAS 117

INGREDIENTES 117

DESARROLLO 117

TRUCO 118

COSTILLAS IBÉRICAS CON VINO BLANCO Y MIEL 119

INGREDIENTES 119

DESARROLLO 119

TRUCO 120

POTE GALLEGO 121

INGREDIENTES 121

DESARROLLO 121

TRUCO 122

LENTEJA A LA LIONESA 123

INGREDIENTES 123

DESARROLLO 123

TRUCO 124
CURRY DE LENTEJAS CON MANZANA 125
    INGREDIENTES 125
    DESARROLLO 125
    TRUCO 126
IR A NAVARA 127
    INGREDIENTES 127
    DESARROLLO 127
    TRUCO 128
LENTEJAS 129
    INGREDIENTES 129
    DESARROLLO 129
    TRUCO 130
FRIJOLES MUSAKA CON CHAMPIÑONES 131
    INGREDIENTES 131
    DESARROLLO 131
    TRUCO 132
WIGIL POTAJE 133
    INGREDIENTES 133
    DESARROLLO 133
    TRUCO 134
POCHAS CON NEGRO 135
    INGREDIENTES 135
    DESARROLLO 135
    TRUCO 136
BACALAO AJOARRIERO 138

INGREDIENTES 138

DESARROLLO 138

TRUCO 138

VAPOR DE JEREZ VAPOR 139

INGREDIENTES 139

DESARROLLO 139

TRUCO 139

TODO Y PEBRE DE MONKKEN CON CAMARONES 140

INGREDIENTES 140

DESARROLLO 141

TRUCO 141

COSER AL HORNO 142

INGREDIENTES 142

DESARROLLO 142

TRUCO 142

MUSELAS MARINAS 143

INGREDIENTES 143

DESARROLLO 143

TRUCO 144

BACALAO CON PILPIL 145

INGREDIENTES 145

DESARROLLO 145

TRUCO 145

ANCLAJES EN CERVEZA EN CERVEZA 147

INGREDIENTES 147

DESARROLLO 147

TRUCO 147
CALAMAR EN TINTA 148
    INGREDIENTES 148
    DESARROLLO 148
    TRUCO 148
CLUB BACALAO RANERO 150
    INGREDIENTES 150
    DESARROLLO 150
    TRUCO 151
LENGUAJE A LA NARANJA 152
    INGREDIENTES 152
    DESARROLLO 152
    TRUCO 152
MAR RIOJANA 154
    INGREDIENTES 154
    DESARROLLO 154
    TRUCO 155
BACALAO CON SALSA DE FRESA 156
    INGREDIENTES 156
    DESARROLLO 156
    TRUCO 156
trucha en escabeche 157
    INGREDIENTES 157
    DESARROLLO 157
    TRUCO 158
COSTURAS BILBAÍNAS 159

INGREDIENTES	159
DESARROLLO	159
TRUCO	159
CAMARÓN	**160**
INGREDIENTES	160
DESARROLLO	160
TRUCO	160
COPOS DE BACALAO	**161**
INGREDIENTES	161
DESARROLLO	161
TRUCO	161
BACALAO DORADO	**163**
INGREDIENTES	163
DESARROLLO	163
TRUCO	163
CANGREJO VASCO	**164**
INGREDIENTES	164
DESARROLLO	164
TRUCO	165
ANCHOLES EN VINAGRE	**166**
INGREDIENTES	166
DESARROLLO	166
TRUCO	166
BACALAO MARCA	**167**
INGREDIENTES	167
DESARROLLO	167

TRUCO 167
POLVO EN ADOBO (BIENMESABE) 168
    INGREDIENTES 168
    DESARROLLO 168
    TRUCO 169
ENCURTIDOS DE CÍTRICOS Y ATÚN 170
    INGREDIENTES 170
    DESARROLLO 170
    TRUCO 171
ABRIGO DE CAMARONES 172
    INGREDIENTES 172
    DESARROLLO 172
    TRUCO 172
BRIDA DE ATÚN CON ALBAHACA 173
    INGREDIENTES 173
    DESARROLLO 173
    TRUCO 173
LA MENIER SUELA 174
    INGREDIENTES 174
    DESARROLLO 174
    TRUCO 174
SOLOMILLO DE SALMÓN AL CAVA 175
    INGREDIENTES 175
    DESARROLLO 175
    TRUCO 175
PERCHA BILBAÍNA CON PIQUILTOS 176

- INGREDIENTES 176
- DESARROLLO 176
- TRUCO 176
- RATONES A LA VINAGRETA 177
  - INGREDIENTES 177
  - DESARROLLO 177
  - TRUCO 177
- MARMITAKO 178
  - INGREDIENTES 178
  - DESARROLLO 178
  - TRUCO 178
- LUBINA A LA SAL 180
  - INGREDIENTES 180
  - DESARROLLO 180
  - TRUCO 180
- RATONES DE VAPOR 181
  - INGREDIENTES 181
  - DESARROLLO 181
  - TRUCO 181
- merluza gallega 182
  - INGREDIENTES 182
  - DESARROLLO 182
  - TRUCO 183
- merluza koskera 184
  - INGREDIENTES 184
  - DESARROLLO 184

- TRUCO 185
- CUCHILLOS CON AJO Y LIMÓN 186
  - INGREDIENTES 186
  - DESARROLLO 186
  - TRUCO 186
- CONSTRUCCIÓN DE CARRETERAS 187
  - INGREDIENTES 187
  - DESARROLLO 187
  - TRUCO 188
- ŻABNICKA CON CREMA DE AJO SUAVE 189
  - INGREDIENTES 189
  - DESARROLLO 189
  - TRUCO 189
- Merluza a la sidra con compota de manzana y menta 191
  - INGREDIENTES 191
  - DESARROLLO 191
  - TRUCO 192
- SALMÓN MARINADO 193
  - INGREDIENTES 193
  - DESARROLLO 193
  - TRUCO 193
- Trucha Con Queso Azul.. 194
  - INGREDIENTES 194
  - DESARROLLO 194
  - TRUCO 194
- TATAKI DE ATÚN MARINADO EN SOJA 196

- INGREDIENTES 196
- DESARROLLO 196
- TRUCO 196
- Pastel de merluza 198
  - INGREDIENTES 198
  - DESARROLLO 198
  - TRUCO 198
- PIMIENTOS RELLENOS DE DORS 199
  - INGREDIENTES 199
  - DESARROLLO 199
  - TRUCO 200
- RADIO 201
  - INGREDIENTES 201
  - DESARROLLO 201
  - TRUCO 201
- SOLDADOS DE PAVO REAL 202
  - INGREDIENTES 202
  - DESARROLLO 202
  - TRUCO 203
- CREMA DE CAMARONES 204
  - INGREDIENTES 204
  - DESARROLLO 204
  - TRUCO 204
- Trucha a Navarra 206
  - INGREDIENTES 206
  - DESARROLLO 206

TRUCO 206
TARTAR DE SALMÓN CON AGUACATE................................. 207
    INGREDIENTES 207
    DESARROLLO 207
    TRUCO 207
vieiras a la gallega 209
    INGREDIENTES 209
    DESARROLLO 209
    TRUCO 209
POLLO EN SALSA CON SETAS 211
    INGREDIENTES 211
    DESARROLLO 211
    TRUCO 212
Pollo escabechado a la sidra 213
    INGREDIENTES 213
    DESARROLLO 213
    TRUCO 213
POLLO GUISADO CON NUSKALKA 214
    INGREDIENTES 214
    DESARROLLO 214
    TRUCO 215
FILETE DE POLLO MADRILA 216
    INGREDIENTES 216
    DESARROLLO 216
    TRUCO 216
FRICANDO DE POLLO CON SETAS SHIITAKE 217

INGREDIENTES 217
DESARROLLO 217
TRUCO 218

ALMOHADILLAS DE POLLO CON WHISKY

INGREDIENTES

12 muslos de pollo

200ml de nata

150 ml de whisky

100 ml de caldo de pollo

3 yemas

1 resorte

Harina

aceite de oliva

Sal y pimienta

DESARROLLO

Sazonar con harina y dorar las patas de pollo. Eliminar y reservar.

Freír la cebolla picada finamente en el mismo aceite durante 5 minutos. Agregue whisky y flambee (la campana debe estar apagada). Agregue la crema agria y el caldo. Agregue nuevamente el pollo y cocine por 20 minutos a fuego lento.

Retire del fuego, agregue las yemas de huevo y mezcle bien para espesar un poco la salsa. Se sazona con sal y pimienta si es necesario.

TRUCO

El whisky se puede sustituir por la bebida alcohólica que más nos guste.

PATO ASADO

INGREDIENTES

1 pato puro

1 litro de caldo de pollo

4 dl de salsa de soja

3 cucharadas de miel

2 dientes de ajo

1 cebolla pequeña

1 cayena

jengibre fresco

aceite de oliva

Sal y pimienta

DESARROLLO

En un bol, mezclar el caldo de pollo, la soja, el ajo rallado, la pimienta de cayena y la cebolla finamente picados, la miel, un trozo de jengibre rallado y el pimentón. Marinar el pato en esta mezcla durante 1 hora.

Retire de la marinada y coloque en una bandeja para hornear con la mitad del líquido de la marinada. Hornear a 200ºC durante 10 minutos por cada lado. Remoja constantemente el cepillo.

Bajar el horno a 180ºC y cocinar 18 minutos más por cada lado (seguir cepillando cada 5 minutos).

Retire y reserve el pato y reduzca la salsa a la mitad en una cacerola a fuego medio.

TRUCO

Asa las aves primero con la pechuga hacia abajo, esto las hará menos secas y más jugosas.

PECHUGA DE POLLO VILLAROY

INGREDIENTES

1 kg de pechuga de pollo

2 zanahorias

2 palitos de apio

1 cebolla

1 puerro

1 nabo

Harina, huevo y pan rallado (para rebozar)

para bechamel

1 litro de leche

100g de mantequilla

100 g de harina

Nuez de tierra

Sal y pimienta

DESARROLLO

Hervir todas las verduras limpias en 2 litros de agua (fría) durante 45 minutos.

Mientras tanto, prepare la bechamel, sofría la harina en mantequilla a fuego medio durante 5 minutos. Luego agregue la leche y mezcle. Sazonar y agregar nuez moscada. Cocine por 10 minutos a fuego lento, sin dejar de batir.

Escurra el caldo y cocine las pechugas (enteras o fileteadas) durante 15 minutos. Retire y déjelos enfriar. Freír bien las pechugas con la salsa bechamel y reservar en la nevera. Cuando estén fríos, pasarlos por harina, luego por huevo y finalmente por pan rallado. Freír en abundante aceite y servir caliente.

TRUCO

Del caldo y las verduras trituradas se puede hacer una excelente crema.

PECHUGA DE POLLO A LA MOSTAZA DE LIMÓN

INGREDIENTES

4 pechugas de pollo

250ml de nata

3 cucharadas de brandy

3 cucharadas de mostaza

1 cucharada de harina

2 dientes de ajo

1 limón

½ cebollas tiernas

aceite de oliva

Sal y pimienta

DESARROLLO

Cortar las pechugas en trozos regulares con un poco de aceite de oliva, sazonar y dorar. Reservar.

En el mismo aceite, sofreír la cebolla y el ajo picados finamente. Agregue la harina y cocine 1 min. Añadimos el brandy hasta que se evapore y vertemos la nata, 3 cucharadas de zumo de limón y la ralladura de limón, la mostaza y la sal. Cocine la salsa durante 5 minutos.

Vuelva a agregar el pollo y cocine a fuego lento durante otros 5 minutos.

TRUCO

Rallar el limón antes de exprimir el jugo. Para ahorrar dinero, también se puede hacer con pollo desmenuzado en lugar de pechuga.

PINTADA AL HORNO CON CIRUELAS Y SETAS

INGREDIENTES

1 pintado

250 g de champiñones

puerto de 200ml

¼ litro de caldo de pollo

15 ciruelas sin hueso

1 diente de ajo

1 cucharadita de harina

aceite de oliva

Sal y pimienta

DESARROLLO

Sazonar con sal y pimienta y hornear la pintada con las ciruelas durante 40 minutos a 175 ºC. Darle la vuelta a la mitad de la cocción. Pasado este tiempo, sacar y reservar los jugos.

Freír 2 cucharadas de aceite y harina en una cacerola durante 1 minuto. Dar un baño con vino y dejar que se reduzca a la mitad. Humedecer con los jugos del asado y el caldo. Cocine por 5 minutos sin dejar de revolver.

Aparte, freír los champiñones con un poco de ajo picado, añadir a la salsa y llevar a ebullición. Sirve las pintadas con la salsa.

TRUCO

Para ocasiones especiales, la pintada se puede rellenar con manzana, foie gras, carne picada, frutos secos.

 AVES

PECHUGA DE POLLO VILLAROY RELLENA DE PIQUILA CARAMELIZADA CON VINAGRE DE MODENA

INGREDIENTES

4 filetes de pechuga de pollo

100g de mantequilla

100 g de harina

1 litro de leche

1 lata de pimientos del piquillo

1 taza de vinagre de Módena

½ taza de azúcar

Nuez moscada

Huevo y pan rallado (para rebozar)

aceite de oliva

Sal y pimienta

DESARROLLO

Freír la mantequilla y la harina durante 10 minutos a fuego lento. Luego vierta la leche y cocine por 20 minutos, revolviendo constantemente. Sazonar y agregar nuez moscada. Fresco.

Mientras tanto, caramelizar los pimientos con el vinagre y el azúcar hasta que el vinagre empiece (apenas empiece) a espesar.

Sazonar los filetes y rellenar el piquillo. Envolver las pechugas en papel aluminio transparente como si fueran caramelos muy firmes, cerrar y cocinar por 15 minutos en agua.

Una vez cocido, pintar con bechamel todos los lados y pasar por huevo batido y pan rallado. Freír en abundante aceite.

TRUCO

Si mientras fríes la harina para bechamel añades unas cucharadas de curry, el resultado será diferente y muy rico.

PECHUGA DE POLLO RELLENA DE BACON, CHAMPIÑONES Y QUESO

INGREDIENTES

4 filetes de pechuga de pollo

100 g de champiñones

4 rebanadas de tocino ahumado

2 cucharadas de mostaza

6 cucharadas de crema agria

1 cebolla

1 diente de ajo

queso en lonchas

aceite de oliva

Sal y pimienta

DESARROLLO

Sazone los filetes de pollo. Limpiar los champiñones y cortarlos en cuartos.

Dora el tocino y fríe los champiñones picados con ajo a fuego fuerte.

Rellene los filetes con tocino, queso y champiñones, luego séllelos con papel de aluminio perfectamente transparente como un caramelo. Cocinar durante 10 minutos en agua hirviendo. Retire el papel aluminio y el filete.

Por otro lado, sofreír la cebolla cortada en trocitos pequeños, agregar la nata y la mostaza, sofreír 2 minutos y mezclar. Salsa sobre el pollo

TRUCO

El papel de aluminio transparente soporta altas temperaturas y no aporta sabor a los alimentos.

POLLO AL VINO DULCE CON CIRUELAS

INGREDIENTES

1 pollo grande

100 g de ciruelas sin hueso

½ litro de caldo de pollo

½ botella de vino dulce

1 resorte

2 zanahorias

1 diente de ajo

1 cucharada de harina

aceite de oliva

Sal y pimienta

DESARROLLO

Sazonar y dorar el pollo en trozos en una sartén muy caliente con aceite de oliva. Sacar y reservar.

En el mismo aceite sofreír la cebolla, el ajo y la zanahoria finamente picados. Cuando las verduras estén bien cocidas, agrega la harina y cocina por un minuto más.

Bañar en vino dulce y subir el fuego hasta que se reduzca casi por completo. Humedecer con caldo y agregar nuevamente el pollo y las ciruelas.

Cocine por unos 15 minutos o hasta que el pollo esté tierno. Retire el pollo y mezcle la salsa. Sazonar con sal.

TRUCO

Si agrega un poco de mantequilla fría a la salsa triturada y la bate con un batidor, se espesará y brillará.

PECHUGA DE POLLO A LA NARANJA CON ANACARDOS

INGREDIENTES

4 pechugas de pollo

75 g de anacardos

2 tazas de jugo de naranja fresco

4 cucharadas de miel

2 cucharadas de Cointreau

Harina

aceite de oliva

Sal y pimienta

DESARROLLO

Sazonar las pechugas y espolvorear con harina. Freír en abundante aceite, retirar y reservar.

Hervir el jugo de naranja con Cointreau y miel durante 5 minutos. Agregue las pechugas a la salsa y cocine a fuego lento durante 8 minutos.

Servir con salsa y anacardos por encima.

TRUCO

Otra forma de hacer una buena salsa de naranja es empezar con caramelos no muy oscuros, a los que se les añade zumo de naranja natural.

COMPRA SELECCIONADA

INGREDIENTES

4 perdices

300g de cebolla

200 g de zanahorias

2 copas de vino blanco

1 cabeza de ajo

1 hoja de laurel

1 taza de vinagre

1 taza de aceite

sal y 10 granos de pimienta

DESARROLLO

Sazonar y dorar las perdices a fuego vivo. Eliminar y reservar.

En el mismo aceite, freír las zanahorias y las cebollas en juliana. Cuando las verduras estén tiernas, añadir el vino, el vinagre, la pimienta, la sal, el ajo y el laurel. Freír durante 10 minutos.

Vuelva a poner la perdiz y cocine a fuego lento durante otros 10 minutos.

TRUCO

Para que la carne o pescado en la marinada tenga más sabor, es mejor reposar por lo menos 24 horas.

POLLO CON CACCITOR

INGREDIENTES

1 pollo picado

50 g de champiñones en rodajas

½ litro de caldo de pollo

1 copa de vino blanco

4 tomates rallados

2 zanahorias

2 dientes de ajo

1 puerro

½ cebolla

1 manojo de hierbas aromáticas (tomillo, romero, laurel...)

aceite de oliva

Sal y pimienta

DESARROLLO

Sazonar y dorar el pollo en una olla muy caliente con un poco de aceite. Sacar y reservar.

En el mismo aceite sofreír la zanahoria picada, el ajo, el puerro y la cebolla. Luego agregar el tomate rallado. Freír hasta que el tomate pierda su agua. Vuelve a poner el pollo.

Freír los champiñones por separado y añadirlos también al guiso. Báñate en una copa de vino y deja que te reduzca.

Humedecer con caldo y añadir hierbas aromáticas. Cocine hasta que el pollo esté tierno. Ajusta la sal.

TRUCO

Este plato también se puede hacer con pavo o incluso con conejo.

ALITAS DE POLLO ESTILO COCA COLA

INGREDIENTES

1 kg de alitas de pollo

½ litro de Cola

4 cucharadas de azúcar moreno

2 cucharadas de salsa de soya

1 cucharada plana de orégano

½ limón

Sal y pimienta

DESARROLLO

Ponga Coca-Cola, azúcar, soja, orégano y jugo de ½ limón en una cacerola y cocine por 2 minutos.

Cortar las alas por la mitad y sazonar con sal. Hornéalas a 160 ºC hasta que cojan un poco de color. Mientras tanto, agregue la mitad de la salsa y voltee las alas. Darles la vuelta cada 20 minutos.

Cuando la salsa esté casi reducida, agrega la otra mitad y continúa cocinando hasta que la salsa espese.

TRUCO

Agregar una ramita de vainilla durante la preparación de la salsa realza el sabor y le da un carácter distintivo.

POLLO CON AJO

INGREDIENTES

1 pollo picado

8 dientes de ajo

1 copa de vino blanco

1 cucharada de harina

1 cayena

Vinagre

aceite de oliva

Sal y pimienta

DESARROLLO

Salpimienta el pollo y dóralo bien. Reserva y espera a que se enfríe el aceite.

Los dientes de ajo se trocean y se confitan (sofríen en aceite, no se fríen) el ajo y la pimienta de cayena, sin que cambien de color.

Bañar con el vino y dejar reducir hasta que alcance cierta densidad, pero que no se seque.

Luego agregue el pollo y una cucharadita pequeña de harina encima. Revuelva (verifique si el ajo se pega al pollo; si no, agregue un poco más de harina hasta que se pegue un poco).

Cubra y revuelva ocasionalmente. Cocine durante 20 minutos a fuego lento. Finalmente, agrega un poco de vinagre y cocina por 1 minuto más.

TRUCO

El pollo frito es imprescindible. Tiene que estar muy caliente para que quede dorado por fuera y jugoso por dentro.

POLLO CHILINDRO

INGREDIENTES

1 pollo pequeño, picado

350 g de jamón serrano picado

1 lata de 800 g de tomate triturado

1 pimiento rojo grande

1 pimiento verde grande

1 cebolla grande

2 dientes de ajo

tomillo

1 copa de vino blanco o tinto

Azúcar

aceite de oliva

Sal y pimienta

DESARROLLO

Salpimienta el pollo y fríelo a fuego alto. Sacar y reservar.

En el mismo aceite, sofreír los pimientos, el ajo y la cebolla cortados en trozos medianos. Cuando las verduras estén bien doradas, añadir el jamón y cocinar 10 minutos más.

Volver a poner el pollo y bañar con vino. Dejar a fuego fuerte durante 5 minutos y añadir el tomate y el tomillo. Reduzca el fuego y cocine por otros 30 minutos. Ajustar sal y azúcar.

TRUCO

La misma receta se puede hacer con albóndigas. ¡No quedará nada en el plato!

ENCUENTROS CON CODORNIZ Y FRUTOS ROJOS

INGREDIENTES

4 codornices

150 g de frutos rojos

1 taza de vinagre

2 copas de vino blanco

1 zanahoria

1 puerro

1 diente de ajo

1 hoja de laurel

Harina

1 taza de aceite

Sal y pimienta

DESARROLLO

Enharinar, sazonar y dorar las codornices en una olla. Sacar y reservar.

Zanahorias y puerro cortados en bastoncitos, y ajos picados en el mismo aceite. Cuando las verduras estén blandas, añadir el aceite, el vinagre y el vino.

Agrega la hoja de laurel y la pimienta. Sazone con sal y cocine por 10 minutos junto con la fruta roja.

Agregue las codornices y cocine por otros 10 minutos hasta que estén tiernas. Párese cubierto lejos del calor.

TRUCO

Este adobo, junto con la carne de codorniz, es un excelente aderezo y complemento para una buena ensalada de corazón.

POLLO AL LIMÓN

INGREDIENTES

1 pollo

30g de azúcar

25g de mantequilla

1 litro de caldo de pollo

1 dl de vino blanco

jugo de 3 limones

1 cebolla

1 puerro

aceite de oliva

Sal y pimienta

DESARROLLO

Picar y sazonar el pollo. Dorar a fuego fuerte y retirar.

Pelar la cebolla, limpiar el puerro y cortar en juliana en tiras. Freír las verduras en el mismo aceite en el que se hizo el pollo. Tomar un baño con vino y dejar reducir.

Agregue jugo de limón, azúcar y caldo. Cocine por 5 minutos y reserve el pollo. Cocine a fuego lento durante otros 30 minutos. Condimentar con sal y pimienta.

TRUCO

Para que la salsa quede más fina y sin trocitos de verdura, es mejor triturarla.

POLLO SAN JACOBO CON JAMÓN SERRANO, TORTA DE CASAR Y ARUCOLA

INGREDIENTES

8 filetes de pollo finos

150 g de pastel césar

100 g de rúcula

4 lonchas de jamón serrano

Harina, huevo y cereales (para rebozar)

aceite de oliva

Sal y pimienta

DESARROLLO

Sazone los filetes de pollo y cubra con queso. Poner rúcula y jamón serrano en uno de ellos, y poner el otro encima para cerrarlo. Haz lo mismo con el resto.

Pasarlos por harina, huevo batido y cereal triturado. Freír en abundante aceite caliente durante 3 minutos.

TRUCO

Se puede espolvorear con palomitas trituradas, kiko e incluso bichos. El resultado es muy divertido.

CURRY AL HORNO CON POLLO

INGREDIENTES

4 muslos de pollo (por persona)

1 litro de crema

1 cebolla tierna o cebolla

2 cucharadas de curry

4 yogures naturales

Sal

DESARROLLO

Cortar la cebolla en trozos pequeños y mezclar en un bol con yogur, nata agria y curry. Temporada de sal.

Hacer unos trozos en el pollo y marinarlo en salsa de yogur durante 24 horas.

Hornear a 180ºC durante 90 minutos, retirar el pollo y servir con la salsa batida.

TRUCO

Si queda algo de salsa, puedes hacer deliciosas albóndigas con ella.

POLLO AL VINO TINTO

INGREDIENTES

1 pollo picado

½ litro de vino tinto

1 ramita de romero

1 ramita de tomillo

2 dientes de ajo

2 puerros

1 pimiento rojo

1 zanahoria

1 cebolla

Caldo de pollo

Harina

aceite de oliva

Sal y pimienta

DESARROLLO

Sazonar y dorar el pollo en una sartén muy caliente. Sacar y reservar.

Cortar las verduras en trocitos pequeños y freír en el mismo aceite en que se frió el pollo.

Bañar con vino, agregar hierbas aromáticas y cocinar por unos 10 minutos a fuego vivo hasta que reduzca. Agregue el pollo nuevamente y humedezca con el caldo hasta que esté cubierto. Cocine otros 20 minutos o hasta que la carne esté tierna.

TRUCO

Si desea una salsa más delgada y sin trozos, mezcle y cuele la salsa.

POLLO AL HORNO CON CERVEZA NEGRA

INGREDIENTES

4 traseros de pollo

750 ml de cerveza negra

1 cucharada de comino

1 ramita de tomillo

1 ramita de romero

2 cebollas

3 dientes de ajo

1 zanahoria

Sal y pimienta

DESARROLLO

Cortar la cebolla, la zanahoria y el ajo en juliana. Ponga el tomillo y el romero en el fondo de la bandeja para hornear, y encima ponga las cebollas, las zanahorias y el ajo; luego las colillas de pollo, con la piel hacia abajo, sazonadas con una pizca de comino. Hornear a 175 ºC durante unos 45 minutos.

Después de 30 minutos, humedezca con cerveza, voltee los fondos y hornee por otros 45 minutos. Cuando el pollo esté cocido, retíralo de la sartén y mezcla la salsa.

TRUCO

Si en el centro del asado le añades 2 manzanas en rodajas y las mezclas con el resto de la salsa, el sabor será aún mejor.

MAMÁ CHOCOLATE

INGREDIENTES

4 perdices

½ litro de caldo de pollo

½ taza de vino tinto

1 ramita de romero

1 ramita de tomillo

1 resorte

1 zanahoria

1 diente de ajo

1 tomate rallado

Chocolate

aceite de oliva

Sal y pimienta

DESARROLLO

Sazonar y dorar las perdices. Reservar.

Freír en el mismo aceite la zanahoria, el ajo y las cebolletas finamente picados a fuego medio. Sube el fuego y añade el tomate. Cocine hasta que pierda agua. Dar un baño con el vino y dejar que se reduzca casi por completo.

Humedezca con caldo y agregue las hierbas. Cocinar a fuego lento hasta que las perdices estén blandas. Ajusta la sal. Retire del fuego y agregue chocolate al gusto. Para eliminar.

TRUCO

Para darle un toque picante al plato, puedes añadir pimienta de cayena, y si quieres que quede crocante, añade avellanas tostadas o almendras.

EJERCICIO DE PAVO AL HORNO CON SALSA DE FRUTOS ROJOS

INGREDIENTES

4 lomos de pavo

250 g de frutos rojos

½ litro de vino espumoso

1 ramita de tomillo

1 ramita de romero

3 dientes de ajo

2 puerros

1 zanahoria

aceite de oliva

Sal y pimienta

DESARROLLO

Limpiar los puerros, las zanahorias y los ajos y trocear en juliana. Disponer esta verdura en una placa de horno junto con el tomillo, el romero y los frutos rojos.

Coloque los cuartos de pavo encima, rocíe con aceite de oliva, con la piel hacia abajo. Hornear a 175ºC durante 1 hora.

Baño con cava después de 30 minutos. Voltee la carne y hornee por otros 45 minutos. Pasado este tiempo, retirar de la bandeja. Triturar, colar y rectificar la salsa con sal.

TRUCO

El pavo estará listo cuando el muslo y el muslo se desprendan con facilidad.

POLLO AL HORNO CON SALSA DE DURAZNO

INGREDIENTES

4 traseros de pollo

½ litro de vino blanco

1 ramita de tomillo

1 ramita de romero

3 dientes de ajo

2 duraznos

2 cebollas

1 zanahoria

aceite de oliva

Sal y pimienta

DESARROLLO

Cortar la cebolla, la zanahoria y el ajo en juliana. Pelar los melocotones, cortarlos por la mitad y quitarles el hueso.

Coloque el tomillo y el romero junto con las zanahorias, las cebollas y el ajo en el fondo de la bandeja para hornear. Colocar encima la grupa, sazonar con aceite de oliva con la piel hacia abajo y hornear a 175ºC durante unos 45 minutos.

Después de 30 minutos, sumérgelos en vino blanco, dales la vuelta y hornea por otros 45 minutos. Cuando el pollo esté cocido, retíralo de la sartén y mezcla la salsa.

TRUCO

Puedes agregar manzanas o peras al asado. La salsa sabrá muy bien.

FILETE DE POLLO RELLENO DE ESPINACAS Y MOZZARELLA

INGREDIENTES

8 filetes de pollo finos

200g de espinacas frescas

150 g de mozzarella

8 hojas de albahaca

1 cucharadita de comino molido

Harina, huevo y pan rallado (para rebozar)

aceite de oliva

Sal y pimienta

DESARROLLO

Sazone las pechugas por ambos lados. Espolvorear con espinacas, queso partido en trozos y albahaca picada y cubrir con otro filete. Pasar por harina, huevo batido y una mezcla de pan rallado y comino.

Freír unos minutos por cada lado y retirar el exceso de aceite sobre papel absorbente.

TRUCO

El acompañamiento perfecto es una buena salsa de tomate. Este plato se puede hacer con pavo o incluso con una tira fresca de lomo.

POLLO AL HORNO CON CAVA

INGREDIENTES

4 traseros de pollo

1 botella de vino espumoso

1 ramita de tomillo

1 ramita de romero

3 dientes de ajo

2 cebollas

aceite de oliva

Sal y pimienta

DESARROLLO

Picar la cebolla y el ajo en juliana. Coloque el tomillo y el romero en el fondo de la bandeja para hornear, coloque la cebolla, el ajo y las patas traseras especiadas con la piel hacia abajo. Hornear a 175 ºC durante unos 45 minutos.

Pasados los 30 minutos, darse un baño con cava, dar la espalda y hornear durante otros 45 minutos. Cuando el pollo esté cocido, retíralo de la sartén y mezcla la salsa.

TRUCO

Otra variación de la misma receta es hacerla con lambrusco o vino dulce.

brochetas de pollo con salsa de maní

INGREDIENTES

600 g de pechuga de pollo

150g de cacahuetes

500 ml de caldo de pollo

200ml de nata

3 cucharadas de salsa de soya

3 cucharadas de miel

1 cucharada de curry en polvo

1 cayena finamente picada

1 cucharada de jugo de limón

aceite de oliva

Sal y pimienta

DESARROLLO

Moler muy bien los cacahuetes hasta que se conviertan en una pasta. Mézclalos en un bol con el zumo de lima, el caldo, la soja, la miel, el curry en polvo, la sal y la pimienta. Corta las pechugas en trozos y déjalas marinar en esta mezcla durante la noche.

Saca el pollo y ponlo en las brochetas. Cuece la mezcla anterior junto con la nata a fuego lento durante 10 minutos.

Dorar las brochetas en una sartén a fuego medio y servir con la salsa por encima.

TRUCO

Se pueden hacer con colillas de pollo. Pero en lugar de dorarlas en una sartén, hornéalas en el horno con la salsa encima.

POLLO A LA PEPITORIA

INGREDIENTES

1 ½ kg de pollo

250g de cebolla

50 g de almendras tostadas

25g pan frito

½ litro de caldo de pollo

¼ litro de buen vino

2 dientes de ajo

2 hojas de laurel

2 huevos duros

1 cucharada de harina

14 hebras de azafrán

150g de aceite de oliva

Sal y pimienta

DESARROLLO

Cortar y sazonar el pollo cortado en trozos. Dorar y reservar.

Cortar la cebolla y el ajo en trocitos pequeños y sofreír en el mismo aceite en que se frió el pollo. Añadir la harina y sofreír a fuego lento durante 5 minutos. Tomar un baño con vino y dejar reducir.

Humedezca con caldo salado y cocine por otros 15 minutos. Luego agregue el pollo reservado junto con las hojas de laurel y cocine hasta que el pollo esté tierno.

Tostar el azafrán por separado y añadirlo al mortero junto con el pan frito, las almendras y las yemas. Triture hasta obtener una pasta y agréguela al estofado de pollo. Cocine otros 5 minutos.

TRUCO

No hay mejor acompañamiento para esta receta que un buen arroz pilaf. Se puede servir con claras de huevo picadas y un poco de perejil picado por encima.

POLLO NARANJA

INGREDIENTES

1 pollo

25g de mantequilla

1 litro de caldo de pollo

1 dl de vino rosado

2 cucharadas de miel

1 ramita de tomillo

2 zanahorias

2 naranjas

2 puerros

aceite de oliva

Sal y pimienta

DESARROLLO

Sazone y dore el pollo picado a fuego alto en aceite de oliva. Eliminar y reservar.

Pelar y limpiar las zanahorias y los puerros y cortarlos en juliana. Cocinar en el mismo aceite en que se doró el pollo. Bañar con vino y cocinar a fuego vivo hasta que reduzca.

Agregue el jugo de naranja, la miel y el caldo. Cocine por 5 minutos y agregue las piezas de pollo nuevamente. Cocine a fuego lento durante 30 minutos. Agregue mantequilla fría y sazone con sal y pimienta.

TRUCO

Puedes omitir un buen puñado de frutos secos y añadirlos al guiso al final de la cocción.

POLLO GUISADO CON BEGROUS

INGREDIENTES

1 pollo

200 g de jamón serrano

200 g de champiñones porcini

50g de mantequilla

600 ml de caldo de pollo

1 copa de vino blanco

1 ramita de tomillo

1 diente de ajo

1 zanahoria

1 cebolla

1 tomate

aceite de oliva

Sal y pimienta

DESARROLLO

Picar, sazonar y dorar el pollo en mantequilla y un poco de aceite. Eliminar y reservar.

En la misma grasa, sofreír la cebolla, la zanahoria y el ajo cortados en trocitos junto con el jamón picado. Subir el fuego y añadir los boletus troceados. Cocine por 2 minutos, agregue el tomate rallado y cocine hasta que pierda toda su agua.

Agrega nuevamente las piezas de pollo y baña con el vino. Reducir hasta que la salsa esté casi seca. Humedecer con caldo y agregar tomillo. Cocine a fuego lento durante 25 minutos o hasta que el pollo esté tierno. Ajusta la sal.

TRUCO

Usa champiñones de temporada o secos.

PAN DE POLLO CON FRUTOS SECOS Y SOJA

INGREDIENTES

3 pechugas de pollo

70g de pasas

30g de almendras

30 g de anacardos

30g de nueces

30 g de avellanas

1 taza de caldo de pollo

3 cucharadas de salsa de soya

2 dientes de ajo

1 cayena

1 limón

Jengibre

aceite de oliva

Sal y pimienta

DESARROLLO

Cortar las pechugas, salpimentar y dorar en una sartén a fuego alto. Eliminar y reservar.

En este aceite sofreír las nueces junto con el ajo rallado, un trozo de jengibre rallado, la pimienta de cayena y la ralladura de limón.

Agregue las pasas, las pechugas de pollo reservadas y la soya. Reducir por 1 min y bañar en caldo. Cocine por otros 6 minutos a fuego medio y sazone con sal si es necesario.

TRUCO

Prácticamente no habrá necesidad de utilizar sal, ya que la soja la proporciona casi en su totalidad.

POLLO AL CHOCOLATE CON ALMENDRAS TOSTADAS

INGREDIENTES

1 pollo

60 g de chocolate negro rallado

1 copa de vino tinto

1 ramita de tomillo

1 ramita de romero

1 hoja de laurel

2 zanahorias

2 dientes de ajo

1 cebolla

Caldo (o agua)

almendras tostadas

Aceite de oliva virgen extra

Sal y pimienta

DESARROLLO

Rebane, sazone y dore el pollo en una olla muy caliente. Eliminar y reservar.

En el mismo aceite, sofreír la cebolla, la zanahoria y los dientes de ajo cortados en trocitos pequeños a fuego lento.

Agregue la hoja de laurel y ramitas de tomillo y romero. Agregue el vino y el caldo y cocine a fuego lento durante 40 minutos. Sazone con sal y retire el pollo.

Pasar la salsa por la batidora y ponerla en la olla. Agregue el pollo y el chocolate y revuelva hasta que el chocolate se derrita. Cocina por 5 minutos más para mezclar los sabores.

TRUCO

Decorar con almendras tostadas encima. Añadiendo cayena o guindilla le da un toque picante.

BROCHETAS DE CORDERO CON PIMIENTOS Y VINAGRETA DE MOSTAZA

INGREDIENTES

350g de cordero

2 cucharadas de vinagre

1 cucharada plana de pimentón

1 cucharada plana de mostaza

1 cucharada plana de azúcar

1 bandeja de tomates cherry

1 pimiento verde

1 pimiento rojo

1 cebolleta pequeña

1 cebolla

5 cucharadas de aceite de oliva

Sal y pimienta

DESARROLLO

Limpiar y cortar las verduras, excepto las cebolletas, en cuadrados medianos. Cortar el cordero en cubos del mismo tamaño. Dobla las brochetas, alternando un trozo de carne y un trozo de verdura. Estación. Las freímos en una sartén muy caliente con un poco de aceite durante 1 o 2 minutos por cada lado.

Mezclar por separado en un bol la mostaza, el pimentón, el azúcar, el aceite, el vinagre y la cebolla picada. Sazonar con sal y emulsionar.

Servir las brochetas recién hechas con un poco de salsa de pimentón.

TRUCO

También puede agregar 1 cucharada de curry en polvo y un poco de ralladura de limón a la vinagreta.

ALETA DE TERNERA RELLENA DE OPORTO

INGREDIENTES

1 kg de aleta de ternera (abierta en libro para rellenar)

350 g de carne de cerdo picada

1 kg de zanahorias

1 kg de cebolla

100g de piñones

1 lata pequeña de pimientos del piquillo

1 lata de aceitunas negras

1 paquete de tocino

1 cabeza de ajo

2 hojas de laurel

Oporto

Caldo de carne

aceite de oliva

Sal y pimienta

DESARROLLO

Sazone la aleta por ambos lados. Rellenar con la carne de cerdo, los piñones, los pimientos picados, las aceitunas en cuartos y la panceta cortada en tiras. Enrollar y poner una red o amarrar con hilo en la brida. Dorar a fuego muy fuerte, retirar y reservar.

Cortar las zanahorias, la cebolla y el ajo en brunoises y dorar en el mismo aceite en el que se frió la ternera. Vuelva a colocar la aleta. Bañar con un poco de oporto y caldo de carne hasta cubrir todo. Agregue 8 granos de pimienta y hojas de laurel. Cocine tapado a fuego lento durante 40 minutos. Rotar cada 10 minutos. Cuando la carne esté tierna, retirar y licuar la salsa.

TRUCO

El Oporto se puede sustituir por cualquier otro vino o champán.

albóndigas madrileñas

INGREDIENTES

1 kg de carne molida

500 g de carne de cerdo picada

500 g de tomates maduros

150g de cebolla

100 g de champiñones

1 litro de caldo de carne (o agua)

2 dl de vino blanco

2 cucharadas de perejil fresco

2 cucharadas de pan rallado

1 cucharada de harina

3 dientes de ajo

2 zanahorias

1 hoja de laurel

1 huevo

Azúcar

aceite de oliva

Sal y pimienta

DESARROLLO

Mezclar las dos carnes con perejil picado, 2 dientes de ajo picados, pan rallado, huevo, sal y pimienta. Haz bolitas y dóralas en una sartén. Sacar y reservar.

En el mismo aceite, sofreímos la cebolla con el segundo ajo, añadimos la harina y sofreímos. Agregue los tomates y cocine por otros 5 minutos. Bañar con vino y cocinar por otros 10 minutos. Humedezca con caldo y cocine por otros 5 minutos. Moler y rectificar de sal y azúcar. Hervir las albóndigas en la salsa durante 10 minutos junto con la hoja de laurel.

Limpiar, pelar y trocear las zanahorias y los champiñones por separado. Las freímos en un poco de aceite durante 2 minutos y las añadimos al guiso con las albóndigas.

TRUCO

Para hacer más sabrosa la mezcla de albóndigas, añadir 150 g de panceta ibérica fresca troceada. Es mejor no apretar demasiado al hacer bolitas para que queden más jugosas.

POLOS DE TERNERA CON CHOCOLATE

INGREDIENTES

8 carrilleras de ternera

½ litro de vino tinto

6 onzas de chocolate

2 dientes de ajo

2 tomates

2 puerros

1 rama de apio

1 zanahoria

1 cebolla

1 ramita de romero

1 ramita de tomillo

Harina

Caldo de res (o agua)

aceite de oliva

Sal y pimienta

DESARROLLO

Sazonar y dorar las carrilleras en una olla bien caliente. Sacar y reservar.

Cortar las verduras en brunoise y sofreírlas en la misma olla en la que se frieron las carrilleras.

Cuando las verduras estén blandas, añadir los tomates rallados y cocinar hasta que pierdan toda el agua. Añadir el vino, las hierbas aromáticas y dejar actuar 5 minutos. Agrega las carrilleras y el caldo de carne hasta cubrir.

Cocina hasta que las mejillas estén muy suaves, agrega chocolate al gusto, mezcla y sazona con sal y pimienta.

TRUCO

La salsa se puede triturar o dejar con trozos enteros de verduras.

TARTA DE PILLETS CONFITADOS CON SALSA DE VINO DULCE

INGREDIENTES

½ lechón troceado

1 copa de vino dulce

2 ramitas de romero

2 ramitas de tomillo

4 dientes de ajo

1 zanahoria pequeña

1 cebolla pequeña

1 tomate

aceite de oliva suave

sal gruesa

DESARROLLO

Colocar el cochinillo en una bandeja y salarlo por ambos lados. Agregue el ajo machacado y los condimentos. Untar con aceite y hornear a 100 ºC durante 5 horas. Luego déjelo enfriar y deshuesarlo, quitando la carne y la piel.

Ponga el pergamino en la bandeja para hornear. Divida la carne del lechón y coloque la piel del lechón encima (debe tener al menos 2 dedos de altura). Inserte otro pergamino y póngalo en el refrigerador con un poco de peso encima.

Mientras tanto, hacer un caldo oscuro. Cortar los huesos y las verduras en trozos medianos. Hornea los huesos a 185ºC durante 35 minutos, añade las verduras por los lados y hornea otros 25 minutos. Retirar del horno y bañar con vino. Pon todo en una olla y llénala con agua fría. Cocinar durante 2 horas a fuego muy bajo. Escurrir y volver al fuego hasta que espese un poco. Desengrasar.

Cortar la masa en porciones y dorar en una sartén caliente por el lado de la piel hasta que quede crujiente. Hornear 3 minutos a 180 ºC.

TRUCO

Este plato es más laborioso que difícil, pero el efecto es espectacular. El único truco para que no se estropee al final es servir la salsa por un lado de la carne, no por arriba.

CONEJO DE MARC

INGREDIENTES

1 conejo picado

80g de almendras

1 litro de caldo de pollo

400 ml de orujo

200ml de nata

1 ramita de romero

1 ramita de tomillo

2 cebollas

2 dientes de ajo

1 zanahoria

10 hebras de azafrán

Sal y pimienta

DESARROLLO

Trocear el conejo, sazonar y dorar. Eliminar y reservar.

En el mismo aceite, sofreír la zanahoria, la cebolla y el ajo cortados en trocitos pequeños. Agregue el azafrán y las almendras y cocine por 1 min.

Encender el fuego y bañar el orujo. flambeado Añadir de nuevo el conejo y mojar con el caldo. Añadir ramitas de tomillo y romero.

Cocine por unos 30 minutos hasta que el conejo esté tierno y agregue la crema. Cocine por otros 5 minutos y rectifique la sal.

TRUCO

Flambear quema alcohol espiritual. Tenga cuidado de apagar el capó.

Albóndigas en salsa de avellanas PEPITORIA

INGREDIENTES

750 g de carne molida

750 g de carne de cerdo picada

250g de cebolla

60g de avellanas

25g pan frito

½ litro de caldo de pollo

¼ litro de vino blanco

10 hebras de azafrán

2 cucharadas de perejil fresco

2 cucharadas de pan rallado

4 dientes de ajo

2 huevos duros

1 huevo fresco

2 hojas de laurel

150g de aceite de oliva

Sal y pimienta

DESARROLLO

En un bol, mezclar la carne, el perejil picado, el ajo picado, el pan rallado, el huevo, la sal y la pimienta. Enharinar y dorar en una cacerola a fuego medio. Eliminar y reservar.

En el mismo aceite, sofreír ligeramente la cebolla y cortar los 2 dientes de ajo restantes en cubos pequeños. Tomar un baño con vino y dejar reducir. Humedecer con caldo y cocinar por 15 minutos. Agregue las albóndigas a la salsa junto con las hojas de laurel y cocine por otros 15 minutos.

Aparte, tostar el azafrán y triturarlo en un mortero con el pan frito, las avellanas y las yemas de huevo hasta que quede homogéneo. Agregue al guiso y cocine por otros 5 minutos.

TRUCO

Servir con claras de huevo picadas por encima y un poco de perejil.

ESCALOPINES DE TERNERA A LA CERVEZA NEGRA

INGREDIENTES

4 filetes de ternera

125 g de hongos shiitake

1/3 litro de cerveza negra

1 dl de caldo de carne

1 dl de crema

1 zanahoria

1 resorte

1 tomate

1 ramita de tomillo

1 ramita de romero

Harina

aceite de oliva

Sal y pimienta

DESARROLLO

Sazone los filetes con harina. Freír ligeramente en una sartén con un poco de aceite. Sacar y reservar.

En el mismo aceite, sofreír la cebolla y la zanahoria picadas. Cuando estén cocidas, añade el tomate rallado y cocina hasta que la salsa esté casi seca.

Bañar con cerveza, evaporar el alcohol por 5 minutos a fuego medio y agregar el caldo, las hierbas y los filetes. Cocine por 15 minutos o hasta que estén tiernos.

Aparte, sofreír los champiñones fileteados a fuego fuerte y añadirlos al guiso. Ajusta la sal.

TRUCO

Los filetes no se deben cocer demasiado, de lo contrario quedarán muy duros.

EXCURSIONES MADRILLE

INGREDIENTES

1 kg de callos limpios

2 piernas de cerdo

25g de harina

1 dl de vinagre

2 cucharadas de pimentón

2 hojas de laurel

2 cebollas (1 de ellas sazonada)

1 cabeza de ajo

1 chile

2 dl de aceite de oliva

20g de sal

DESARROLLO

Escaldar los callos y los muslos de cerdo en una olla con agua fría. Cocine por 5 minutos cuando empiece a hervir.

Drene y vuelva a llenar con agua limpia. Añadir la cebolla, la guindilla, el bulbo de ajo y las hojas de laurel. Agregue más agua si es necesario para mantenerlo bien cubierto y cocine tapado a fuego lento durante 4 horas o hasta que las piernas y los callos estén tiernos.

Cuando la tripa esté lista, retira la cebolla, el laurel y la guindilla. Retirar también las manitas, deshuesarlas y cortarlas en trozos del tamaño de los callos. Vuelva a poner en la olla.

Aparte sofreír la segunda cebolla cortada en brunoise, añadir el pimentón y 1 cucharada de harina. Después de cocinar, agregar al guiso. Cocine por 5 minutos, sazone con sal y agregue densidad si es necesario.

TRUCO

Esta receta gana sabor si se prepara con uno o dos días de anticipación. También puedes añadir unos garbanzos cocidos y obtener un plato de verduras de primera.

SOLOMILLO AL HORNO CON MANZANA Y MENTA

INGREDIENTES

800 g de lomo de cerdo fresco

500g de manzanas

60g de azúcar

1 copa de vino blanco

1 taza de aguardiente

10 hojas de menta

1 hoja de laurel

1 cebolla grande

1 zanahoria

aceite de oliva

Sal y pimienta

DESARROLLO

Sazonar el lomo y dorar a fuego alto. Eliminar y reservar.

En este aceite sofreír la cebolla y la zanahoria limpias y picadas finamente. Pelar y descorazonar las manzanas.

Pasar todo a una bandeja de horno, lavar con alcohol y añadir una hoja de laurel. Hornear a 185ºC durante 90 minutos.

Saca las manzanas y las verduras y tritúralas con azúcar y menta. Cortar el lomo y la salsa en los jugos para hornear y agregar a la compota de manzana.

TRUCO

Al hornear, agregue un poco de agua a la bandeja para hornear para que el lomo de cerdo no se seque.

ZAPATILLAS DE POLLO CON SALSA DE FRAMBUESA

INGREDIENTES

para albóndigas

1 kg de carne de pollo picada

1 dl de leche

2 cucharadas de pan rallado

2 huevos

1 diente de ajo

vino de Jerez

Harina

Perejil picado

aceite de oliva

Sal y pimienta

Para salsa de frambuesa

200 g de mermelada de frambuesa

½ litro de caldo de pollo

1 ½ dl de vino blanco

½ dl de salsa de soja

1 tomate

2 zanahorias

1 diente de ajo

1 cebolla

Sal

DESARROLLO

para albóndigas

Mezclar la carne con el pan rallado, la leche, los huevos, el diente de ajo picado muy fino, el perejil y un poco de vino. Sazone con sal y pimienta y reserve durante 15 minutos.

Forma bolitas con la masa y pásalas por la harina. Dorarlos en aceite, asegurándose de que estén ligeramente crudos en el medio. Aceite de reserva.

Para la salsa agridulce de frambuesas

Pelar la cebolla, el ajo y la zanahoria y cortar en cubos pequeños. Freír en el mismo aceite en el que se doran las albóndigas. Sazone con una pizca de sal. Añadir el tomate picado pelado y sin semillas y cocinar hasta que se evapore el agua.

Bañar con vino y cocinar hasta que se reduzca a la mitad. Agregue la salsa de soya y el caldo y cocine por otros 20 minutos hasta que la salsa esté espesa. Agregue la mermelada y las albóndigas y cocine todo junto por otros 10 minutos.

TRUCO

La mermelada de frambuesa se puede sustituir por cualquier otro fruto rojo, o incluso mermelada.

ESTOFADO DE CORDERO

INGREDIENTES

1 pierna de cordero

1 vaso grande de vino tinto

½ taza de tomate triturado (o 2 tomates rallados)

1 cucharada de pimentón dulce

2 papas grandes

1 pimiento verde

1 pimiento rojo

1 cebolla

Caldo de res (o agua)

aceite de oliva

Sal y pimienta

DESARROLLO

Picar, sazonar y dorar la pierna en una olla bien caliente. Sacar y reservar.

En el mismo aceite, freír los pimientos y las cebollas picados. Cuando las verduras estén bien fritas, añadir una cucharada de pimentón y tomate. Continúe cocinando a fuego alto hasta que el tomate pierda su agua. Luego agregue el cordero nuevamente.

Tomar un baño con vino y dejar reducir. Cubrir con caldo de carne.

Añadir las patatas cachelads (sin trocear) cuando el cordero esté tierno y cocinar hasta que las patatas estén hechas. Condimentar con sal y pimienta.

TRUCO

Para una salsa aún más sabrosa, sofreír los 4 piquillos y 1 diente de ajo por separado. Triturar con un poco de caldo goulash y añadir al guiso.

Liebre CIVET

INGREDIENTES

1 liebre

250 g de champiñones

250 g de zanahorias

250g de cebolla

100g de tocino

¼ litro de vino tinto

3 cucharadas de salsa de tomate

2 dientes de ajo

2 ramitas de tomillo

2 hojas de laurel

Caldo de res (o agua)

aceite de oliva

Sal y pimienta

DESARROLLO

Se trocea la liebre y se macera durante 24 horas en zanahoria, ajo y cebolla cortados en trocitos pequeños, vino, 1 ramita de tomillo y 1 hoja de laurel. Pasado este tiempo, cuela y reserva el vino por un lado y las verduras por el otro.

Liebre sazonar, dorar a fuego fuerte y retirar. Cocine las verduras a fuego medio en el mismo aceite. Agrega la salsa de tomate y fríe por 3 minutos.

Aparta la liebre. Bañar en vino y caldo hasta cubrir la carne. Agregue la segunda ramita de tomillo y la segunda hoja de laurel. Cocine hasta que la liebre esté tierna.

Mientras tanto, sofreír la panceta cortada en tiras y los champiñones cortados en cuartos y añadir al guiso. Aparte, machacar el hígado de liebre en un mortero y añadirlo también. Cocine otros 10 minutos y ajuste la sal y la pimienta.

TRUCO

Este plato se puede hacer con cualquier animal de caza y estará más sabroso si se hace el día anterior.

CONEJO CON PIPERRADA

INGREDIENTES

1 conejo

2 tomates grandes

2 cebollas

1 pimiento verde

1 diente de ajo

Azúcar

aceite de oliva

Sal y pimienta

DESARROLLO

Rebanar, sazonar y dorar el conejo en una olla caliente. Eliminar y reservar.

Cortar la cebolla, el pimiento y el ajo en trocitos pequeños y sofreírlos a fuego lento durante 15 minutos en el mismo aceite en el que se cocinó el conejo.

Agrega los tomates picados en brunoise y cocina a fuego medio hasta que pierdan toda el agua. Ajuste la sal y el azúcar según sea necesario.

Agregue el conejo, reduzca el fuego y cocine durante 15-20 minutos debajo de la tapa, revolviendo ocasionalmente.

TRUCO

Puedes agregar calabacín o berenjena a la piperada.

BOLAS DE POLLO RELLENAS DE QUESO Y SALSA DE CURRY

INGREDIENTES

500 g de pollo picado

150 g de queso en dados

100g de pan rallado

200ml de nata

1 taza de caldo de pollo

2 cucharadas de curry

½ cucharada de pan rallado

30 pasas

1 pimiento verde

1 zanahoria

1 cebolla

1 huevo

1 limón

leche

Harina

aceite de oliva

Sal

DESARROLLO

Sazone el pollo y mézclelo con pan rallado, huevo, 1 cucharada de curry en polvo y pan rallado remojado en leche. Formar bolitas, rellenar con un cubo de queso y pasar por harina. Freír y reservar.

En el mismo aceite, sofreír la cebolla, el pimiento y la zanahoria cortados en trocitos pequeños. Agregue la ralladura de limón y cocine por unos minutos. Agregue la segunda cucharada de curry, pasas y caldo de pollo. Añadir la nata cuando empiece a hervir y cocinar durante 20 minutos. Ajusta la sal.

TRUCO

El acompañamiento perfecto de estas albóndigas son los champiñones cortados en cuartos y salteados con unos dientes de ajo cortados en trocitos y regados con un buen oporto o pedro ximénez.

CARILLADA DE CERDO AL VINO TINTO

INGREDIENTES

12 carrilleras de cerdo

½ litro de vino tinto

2 dientes de ajo

2 puerros

1 pimiento rojo

1 zanahoria

1 cebolla

Harina

Caldo de res (o agua)

aceite de oliva

Sal y pimienta

DESARROLLO

Sazonar y dorar las carrilleras en una olla bien caliente. Sacar y reservar.

Cortar las verduras en bronoise y freír en el mismo aceite en el que se frió el cerdo. Cuando esté bien cocido, humedecer con vino y esperar 5 minutos. Agrega las carrilleras y el caldo de carne hasta cubrir.

Cocina hasta que las carrilleras estén muy blandas y licúa la salsa si no quieres que queden trozos de verdura.

TRUCO

Las mejillas de cerdo tardan mucho menos en cocinarse que las mejillas de res. Se obtiene otro sabor agregando una onza de chocolate a la salsa al final.

COCHIFRITO NAVARRA

INGREDIENTES

2 piernas de cordero troceadas

50 g de manteca de cerdo

1 cucharadita de paprika

1 cucharada de vinagre

2 dientes de ajo

1 cebolla

aceite de oliva

Sal y pimienta

DESARROLLO

Cortar las piernas de cordero en trozos. Sazonar y dorar a fuego alto en una olla. Sacar y reservar.

Freír la cebolla y el ajo picados finamente en el mismo aceite durante 8 minutos a fuego lento. Añadir los pimientos y freír durante otros 5 segundos. Agregue el cordero y vierta agua.

Cocine hasta que la salsa se reduzca y la carne esté tierna. Humedecer con vinagre y hervir.

TRUCO

El dorado previo es fundamental ya que evita que se escapen los jugos. Además, aporta crocancia y realza el sabor.

GUISO DE TERNERA CON SALSA DE NUECES

INGREDIENTES

750 g de codillo de cerdo

250 g de cacahuetes

2 litros de caldo de carne

1 taza de crema

½ taza de brandy

2 cucharadas de salsa de tomate

1 ramita de tomillo

1 ramita de romero

4 papas

2 zanahorias

1 cebolla

1 diente de ajo

aceite de oliva

Sal y pimienta

DESARROLLO

Picar, sazonar y dorar la pierna a fuego fuerte. Sacar y reservar.

Rehogar la cebolla, el ajo y la zanahoria picada finamente en el mismo aceite a fuego lento. Suba el fuego y agregue la salsa de tomate. Deja que se encoja hasta que pierda toda su agua. Espolvorear el brandy y esperar a que se evapore el alcohol. Añadir la carne de nuevo.

Machacar bien los cacahuetes con el caldo y añadir a la sartén junto con las hierbas aromáticas. Cocine a fuego lento hasta que la carne esté casi tierna.

Luego agregue las papas peladas y cortadas en cubitos y la crema agria. Cocine 10 min y ajuste de sal y pimienta. Reservar durante 15 minutos antes de servir.

TRUCO

Este plato de carne se puede acompañar de arroz pilaf (ver apartado Arroces y pasta).

CERDO AL HORNO

INGREDIENTES

1 lechón

2 cucharadas de manteca de cerdo

Sal

DESARROLLO

Forra las orejas y la cola con papel aluminio para que no se quemen.

Coloca 2 cucharas de madera en una bandeja para hornear y coloca el lechón boca arriba evitando el contacto con el fondo del recipiente. Añadir 2 cucharadas de agua y hornear a 180ºC durante 2 horas.

Disolver la sal en 4 dl de agua y pintar el interior del lechón cada 10 minutos. Durante este tiempo, darle la vuelta y seguir pintando con agua y sal hasta que se acabe el tiempo.

Derretir la mantequilla y pintar la piel. Sube el horno a 200ºC y hornea por otros 30 minutos o hasta que la base esté dorada y crocante.

TRUCO

No vierta el jugo sobre la piel; eso le haría perder su crujido. Servir la salsa en el fondo del plato.

Codillo de cerdo con col

INGREDIENTES

4 cubos

½ repollo

3 dientes de ajo

aceite de oliva

Sal y pimienta

DESARROLLO

Cubra las piernas con agua hirviendo y cocine por 2 horas o hasta que estén completamente tiernas.

Retirar del agua y hornear con un poco de aceite a 220ºC hasta que estén doradas. Estación.

Cortar la col en tiras finas. Cocinar en abundante agua hirviendo durante 15 minutos. Salida.

Mientras tanto, dorar los ajos picados en un poco de aceite, añadir la col y sofreír. Sazone con sal y pimienta y sirva con los codillos de cerdo asados.

TRUCO

Los codillos de cerdo también se pueden hacer en una sartén muy caliente. Dorarlos bien por todos lados.

CACCIATORES DE CONEJO

INGREDIENTES

1 conejo

300 g de champiñones

2 tazas de caldo de pollo

1 copa de vino blanco

1 ramita de tomillo fresco

1 hoja de laurel

2 dientes de ajo

1 cebolla

1 tomate

aceite de oliva

Sal y pimienta

DESARROLLO

Trocear el conejo, sazonar y dorar a fuego vivo. Sacar y reservar.

Freír la cebolla y el ajo cortados en trocitos pequeños a fuego lento en el mismo aceite durante 5 minutos. Subir el fuego y añadir el tomate rallado. Cocine hasta que se le acabe el agua.

Añadir de nuevo el conejo y bañar con el vino. Deja que reduzca y la salsa estará casi seca. Humedecer con caldo y cocinar junto con las hierbas aromáticas por 25 minutos o hasta que la carne esté tierna.

Mientras tanto, freír los champiñones limpios y laminados en una sartén caliente durante 2 minutos. Sazone con sal y agregue al guiso. Cocine por 2 minutos más y ajuste la sal si es necesario.

TRUCO

Puedes hacer la misma receta con carne de pollo o pavo.

ESCALOPES DE TERNERA MADRILEÑA

INGREDIENTES

4 filetes de ternera

1 cucharada de perejil fresco

2 dientes de ajo

Harina, huevo y pan rallado (para rebozar)

aceite de oliva

Sal y pimienta

DESARROLLO

Picar finamente el perejil y el ajo. Combinarlos en un bol y añadir el pan rallado. Para eliminar.

Sazonar los filetes y pasarlos por la harina, el huevo batido y la mezcla de pan rallado con ajo y perejil.

Presionar con las manos para que se pegue bien el empanado y freír en abundante aceite muy caliente durante 15 segundos.

TRUCO

Machaca los filetes con un mazo para romper las fibras y hacer que la carne esté más tierna.

CONEJO GUISO CON SETAS

INGREDIENTES

1 conejo

250 g de champiñones de temporada

50 g de manteca de cerdo

200g de tocino

45g de almendras

600 ml de caldo de pollo

1 taza de jerez

1 zanahoria

1 tomate

1 cebolla

1 diente de ajo

1 ramita de tomillo

Sal y pimienta

DESARROLLO

Cortar y sazonar el conejo. Freír a fuego alto en mantequilla con tocino cortado en tiras. Sacar y reservar.

En la misma grasa, sofreír la cebolla, la zanahoria y el ajo cortados en trocitos pequeños. Agregue los champiñones picados y cocine por 2 minutos. Añadir el tomate rallado y cocinar hasta que pierda agua.

Agregar nuevamente el conejo y el tocino y bañar con el vino. Deja que reduzca y la salsa estará casi seca. Humedecer con caldo y agregar tomillo. Cocine a fuego lento durante 25 minutos o hasta que el conejo esté tierno. Decorar con almendras por encima y sazonar con sal.

TRUCO

Puedes usar hongos shiitake secos. Aportan mucho sabor y aroma.

COSTILLAS IBÉRICAS CON VINO BLANCO Y MIEL

INGREDIENTES

1 costilla de cerdo ibérico

1 copa de vino blanco

2 cucharadas de miel

1 cucharada de pimentón dulce

1 cucharada de romero picado

1 cucharada de tomillo picado

1 diente de ajo

aceite de oliva

Sal y pimienta

DESARROLLO

Poner las especias, el ajo rallado, la miel y la sal en un bol. Agregue ½ taza pequeña de aceite y mezcle. Untar las costillas con esta mezcla.

Hornear a 200ºC durante 30 minutos con la carne hacia abajo. Dar la vuelta, bañar en vino y hornear durante 30 minutos más, hasta que las costillas estén doradas y tiernas.

TRUCO

Para que los sabores estén más saturados con las costillas, es mejor marinar la carne el día anterior.

POTE GALLEGO

INGREDIENTES

250 g de alubias blancas

500 g de grelos limpios

500 g de morillo

100 g de jamón

100 g de aceite

1 espina dorsal

3 papas

1 salchicha

1 morcilla

Sal

DESARROLLO

Remoje los frijoles en agua fría con 12 horas de anticipación.

Pon todos los ingredientes en una olla, excepto las patatas y los nabos, y cuécelos en 2 litros de agua fría sin sal a fuego lento.

En otra cacerola, cocer el nabo en agua hirviendo con sal durante 15 minutos.

Cuando las habas estén casi listas, agrega las papas cacheladas y sazona con sal. Tirar grelos. Dejar unos segundos al fuego y llevar a la mesa con porciones de carnes.

TRUCO

A la hora de cocer, cortar la cocción 3 veces con agua fría o hielo para que las alubias queden más blandas y no pierdan la piel.

LENTEJA A LA LIONESA

INGREDIENTES

500g de lentejas

700g de cebolla

200g de mantequilla

1 ramita de perejil

1 ramita de tomillo

1 hoja de laurel

1 cebolla pequeña

1 zanahoria

6 clavos

Sal

DESARROLLO

Rehogar la cebolla cortada en juliana en mantequilla a fuego lento. Tape y cocine hasta que esté ligeramente dorado.

Agregue las lentejas, los clavos machacados en una cebolla pequeña entera, la zanahoria picada y las hierbas. Vierta agua fría.

Escurrir y cocinar a fuego lento hasta que la vaina esté blanda. Ajusta la sal.

TRUCO

Es importante empezar a cocinar a fuego alto y pasar a fuego medio para evitar que se peguen.

CURRY DE LENTEJAS CON MANZANA

INGREDIENTES

300g de lentejas

8 cucharadas de crema agria

1 cucharada de curry en polvo

1 manzana dorada

1 ramita de tomillo

1 ramita de perejil

1 hoja de laurel

2 cebollas

1 diente de ajo

3 clavos

4 cucharadas de aceite

Sal y pimienta

DESARROLLO

Cuece las lentejas en agua fría durante 1 hora junto con 1 cebolla, ajo, laurel, tomillo, perejil, clavo, sal y pimienta.

Aparte, freír la segunda cebolla con la manzana en aceite. Agregue el curry y mezcle.

Añade las lentejas a la cazuela de manzanas y cocina durante 5 minutos más. Agregue la crema agria y mezcle bien.

TRUCO

Si sobran lentejas, se puede hacer una crema con ellas y agregar unas gambas fritas.

IR A NAVARA

INGREDIENTES

400 g de frijoles

1 cucharada de pimentón

5 dientes de ajo

1 pimiento verde italiano

1 pimiento rojo

1 puerro puro

1 zanahoria

1 cebolla

1 tomate grande

aceite de oliva

Sal

DESARROLLO

Limpiar bien los frijoles. Viértelos con agua en una olla junto con pimientos, cebollas, puerros, tomates y zanahorias. Cocinar durante unos 35 minutos.

Retire las verduras y pique. Luego añádelos de nuevo al guiso.

Picar finamente el ajo y dorar en un poco de aceite. Retire del fuego y agregue pimentón. Rehome 5 se incorpora a las alubias blancas. Ajusta la sal.

TRUCO

Al ser legumbres frescas, el tiempo de cocción es mucho más corto.

LENTEJAS

INGREDIENTES

500g de lentejas

1 cucharada de pimentón

1 zanahoria grande

1 cebolla mediana

1 pimiento grande

2 dientes de ajo

1 patata grande

1 punta de jamón

1 salchicha

1 morcilla

Tocino

1 hoja de laurel

Sal

DESARROLLO

Saltee las verduras finamente picadas hasta que estén ligeramente blandas. Añadimos pimentón y añadimos 1 litro y medio de agua (puedes sustituirlo por caldo de verduras o incluso de carne). Añadir las lentejas, la carne, la punta de jamón y el laurel.

Sacar y guardar el chorizo y la morcilla mientras estén blandos para que no se rompan. Continúe cocinando las lentejas hasta que estén listas.

Agregue las papas cortadas en cubitos y cocine por 5 minutos más. Espolvorear con una pizca de sal.

TRUCO

Para un toque diferente, agregue 1 rama de canela a las lentejas mientras cocina.

FRIJOLES MUSAKA CON CHAMPIÑONES

INGREDIENTES

250g de alubias rojas cocidas

500 g de salsa de tomate casera

200 g de champiñones

100 g de queso rallado

½ taza de vino tinto

2 berenjenas

2 dientes de ajo

1 cebolla grande

½ pimiento verde

½ pimiento amarillo

¼ pimiento rojo

1 hoja de laurel

leche

Orégano

aceite de oliva

Sal y pimienta

DESARROLLO

Cortar las berenjenas en rodajas y ponerlas en la leche con sal, para que pierdan el amargor.

Picar por separado la cebolla, el ajo y los pimientos y sofreírlos en una sartén. Agregue los champiñones y continúe friendo. Añadimos el vino y dejamos reducir a fuego fuerte. Agregue la salsa de tomate, el orégano y la hoja de laurel. Cocine por 15 minutos. Retire del fuego y agregue los frijoles. Estación.

Mientras tanto, escurrir y secar bien las rodajas de berenjena y freírlas en un poco de aceite por ambos lados.

Coloque capas de frijoles y berenjenas en la fuente para hornear hasta que desaparezcan los ingredientes. Terminar con una capa de berenjena. Espolvorear con queso rallado y cazuela.

TRUCO

Esta receta queda excelente con lentejas o sobras de legumbres de otras conservas.

WIGIL POTAJE

INGREDIENTES

1 kg de garbanzos

1 kg de bacalao

500g de espinacas

50g de almendras

reserva 3L

2 cucharadas de salsa de tomate

1 cucharada de pimentón

3 rebanadas de pan frito

2 dientes de ajo

1 pimiento verde

1 cebolla

1 hoja de laurel

aceite de oliva

Sal

DESARROLLO

Remojar los garbanzos durante 24 horas.

Rehogar la cebolla, el ajo y el pimiento finamente picado en una cacerola a fuego medio. Añadir pimentón, laurel, salsa de tomate y cubrir con caldo de pescado. Cuando empiece a hervir, añade los garbanzos. Cuando estén casi blandas, añadir el bacalao y las espinacas.

Mientras tanto, ralla las almendras con el pan frito. Triturar y añadir al guiso. Cocine otros 5 minutos y ajuste la sal.

TRUCO

Los garbanzos se deben agregar a una olla con agua hirviendo, de lo contrario se endurecerán y perderán la piel con mucha facilidad.

POCHAS CON NEGRO

INGREDIENTES

400 g de frijoles

500 g de berberechos

½ taza de vino blanco

4 dientes de ajo

1 pimiento verde pequeño

1 tomate pequeño

1 cebolla

1 puerro

1 cayena

perejil fresco picado

aceite de oliva

DESARROLLO

Poner en la olla las alubias, el pimiento, ½ cebolla, el puerro limpio, 1 diente de ajo y el tomate. Cubra con agua fría y cocine por unos 35 minutos hasta que las verduras estén tiernas.

Aparte, sofreír la segunda mitad de la cebolla, la pimienta de cayena y los dientes de ajo restantes picados muy finamente a fuego fuerte. Añadir los berberechos y bañar con vino.

Añadimos los berberechos con la salsa a las alubias blancas, añadimos el perejil y dejamos cocinar 2 minutos más. Ajusta la sal.

TRUCO

Remojar los berberechos en agua fría con sal durante 2 horas para que suelten toda la tierra que puedan tener.

BACALAO AJOARRIERO

INGREDIENTES

400 g de bacalao triturado en salazón

2 cucharadas de pimientos choriceros hidratados

2 cucharadas de salsa de tomate

1 pimiento verde

1 pimiento rojo

1 diente de ajo

1 cebolla

1 chile

aceite de oliva

Sal

DESARROLLO

Rehogar las verduras y saltear a fuego medio hasta que estén muy blandas. Sal.

Añadir cucharadas de pimientos choriceros, salsa de tomate y guindilla. Agregue el bacalao triturado y cocine por 2 minutos.

TRUCO

Es el relleno perfecto para preparar una rica empanada.

VAPOR DE JEREZ VAPOR

INGREDIENTES

750 g de berberechos

600 ml de vino de jerez

1 hoja de laurel

1 diente de ajo

1 limón

2 cucharadas de aceite de oliva

Sal

DESARROLLO

Limpiar los berberechos.

Vierta 2 cucharadas de aceite en una sartén caliente y dore ligeramente el ajo picado.

Añadir los berberechos, el vino, el laurel, el limón y la sal de golpe. Tape y cocine hasta que se abran.

Servir los berberechos con su salsa.

TRUCO

La limpieza consiste en sumergir los mejillones en agua fría con abundante sal para eliminar la arena y las impurezas.

TODO Y PEBRE DE MONKKEN CON CAMARONES

INGREDIENTES

Para el caldo de pescado

15 cabezas y cuerpos de camarones

1 cabeza o 2 espinas de la cola de rape o pescado blanco

Salsa de tomate

1 resorte

1 puerro

Sal

para estofado

1 cola grande de rape (o 2 pequeñas)

cuerpos de camarones

1 cucharada de pimentón dulce

8 dientes de ajo

4 papas grandes

3 rebanadas de pan

1 cayena

almendras sin pelar

aceite de oliva

Sal y pimienta

DESARROLLO

Para el caldo de pescado

Haga caldo de pescado friendo los cuerpos de los camarones y la salsa de tomate. Añadir las espinas o la cabeza de rape y las verduras en juliana. Vierta agua y cocine por 20 minutos. Escurrir y sazonar con sal.

para estofado

Freír el ajo sin cortar en una sartén. Eliminar y reservar. Freír las almendras en el mismo aceite. Eliminar y reservar.

Freír el pan en el mismo aceite. Retirar.

En un mortero machacar el ajo, un puñado de almendras enteras y sin pelar, rebanadas de pan y pimienta de cayena.

Sofreír ligeramente el pimiento en el aceite de ajo, con cuidado de no quemarlo, y añadirlo al caldo.

Agregue las papas al horno y cocine hasta que estén tiernas. Añadir el rape aliñado y cocinar durante 3 minutos. Agregue el puré de papas y los camarones y cocine por 2 minutos más hasta que la salsa espese. Sazone con sal y sirva caliente.

TRUCO

Use suficiente fumet para cubrir las papas. El pescado más utilizado para esta receta es la anguila, pero puedes prepararla con cualquier pescado carnoso, como el cazón o el congrio.

COSER AL HORNO

INGREDIENTES

1 besugo limpio, eviscerado y desescamado

25g de pan rallado

2 dientes de ajo

1 chile

Vinagre

aceite de oliva

Sal

DESARROLLO

Salar y pincelar la dorada con aceite por dentro y por fuera. Espolvorear con pan rallado y hornear a 180ºC durante 25 minutos.

Mientras tanto, sofreír el ajo fileteado y la guindilla a fuego medio. Verter un poco de vinagre del fuego y verter la dorada con esta salsa.

TRUCO

El ranurado consiste en realizar cortes a lo largo de todo el ancho del pescado, gracias a los cuales se cocina más rápido.

MUSELAS MARINAS

INGREDIENTES

1 kg de mejillones

1 vaso pequeño de vino blanco

1 cucharada de harina

2 dientes de ajo

1 tomate pequeño

1 cebolla

½ chile

Colorante alimentario o azafrán (opcional)

aceite de oliva

Sal

DESARROLLO

Remojar los mejillones durante varias horas en agua fría con abundante sal para eliminar los posibles restos de tierra.

Después de limpiar, cocine los mejillones en vino y ¼ de litro de agua. En cuanto se abran, sacar y reservar el líquido.

Cortar la cebolla, el ajo y el tomate en trocitos pequeños y sofreír en un poco de aceite. Agrega el chile y cocina hasta que todo esté bien cocido.

Agregue una cucharada de harina y cocine por otros 2 minutos. Bañar en el agua de la cocción de las almejas. Cocine por 10 minutos y rectifique la sal. Agregue las almejas y cocine por otro minuto. Ahora añade colorante o azafrán.

TRUCO

El vino blanco se puede sustituir por dulce. La salsa es muy buena.

BACALAO CON PILPIL

INGREDIENTES

4 o 5 lomos de bacalao salado

4 dientes de ajo

1 chile

½ litro de aceite de oliva

DESARROLLO

Sofreír el ajo y la guindilla en aceite de oliva a fuego lento. Sácalas y deja que el aceite baje un poco.

Añadir los filetes de bacalao con la piel hacia arriba y cocinar durante 1 minuto a fuego lento. Dar la vuelta y dejar otros 3 minutos. Es importante que se cocine en aceite, no frito.

Retire el bacalao, vierta poco a poco el aceite hasta que solo quede la sustancia blanca (gelatina) que suelta el bacalao.

Retire del fuego y, con ayuda de un colador, bata con varios palillos o con movimientos circulares, incorporando poco a poco el aceite decantado. Dobla el pilpil por 10 minutos sin dejar de mezclar.

Cuando hayas terminado, vuelve a poner el bacalao y revuelve durante otro minuto.

TRUCO

Para darle un carácter diferente, añadir un hueso de jamón o hierbas aromáticas al aceite en el que se va a freír el bacalao.

ANCLAJES EN CERVEZA EN CERVEZA

INGREDIENTES

Anchoas puras sin espinas

1 lata de cerveza muy fría

Harina

aceite de oliva

Sal

DESARROLLO

Vierte la cerveza en un bol y añade la harina sin dejar de batir hasta conseguir una consistencia espesa que apenas gotea al remojar las anchoas.

Freír en abundante aceite y sal por último.

TRUCO

Se puede utilizar cualquier tipo de cerveza. Se ve espectacular con negro.

CALAMAR EN TINTA

INGREDIENTES

1 ½ kg de chipirones

1 copa de vino blanco

3 cucharadas de salsa de tomate

4 sobres de tinta de calamar

2 cebollas

1 pimiento rojo

1 pimiento verde

1 hoja de laurel

aceite de oliva

Sal y pimienta

DESARROLLO

Sofreír la cebolla y el pimiento finamente picados a fuego lento. Cuando estén fritos, añadir los calamares limpios y troceados. Sube el fuego y sazona.

Humedecer con vino blanco y reducir. Añadir la salsa de tomate, los sobres de tinta de calamar y el laurel. Tape y cocine a fuego lento hasta que los calamares estén tiernos.

TRUCO

Se pueden servir con una buena pasta e incluso con patatas fritas.

CLUB BACALAO RANERO

INGREDIENTES

Bacalao al pil pil

10 tomates en rama maduros

4 pimientos choriceros

2 pimientos verdes

2 pimientos rojos

2 cebollas

Azúcar

Sal

DESARROLLO

Hornear los tomates y los pimientos hasta que estén tiernos a 180ºC.

Después de asar los pimientos, tapar durante 30 minutos, quitarles la piel y cortarlos en tiras.

Pelar los tomates y picarlos finamente. Cuécelos junto con la cebolla cortada en tiras finas y los pimientos choriceros (prehumedecidos en agua caliente durante 30 min).

Añadir el pimiento asado cortado en tiras y cocinar durante 5 minutos. Ajustar sal y azúcar.

Calentar el pilpil junto con el bacalao y el pimentón.

TRUCO

Puedes poner pilpil con pimientos o ponerlos de base, bacalao encima y salsa con pilpil. También se puede hacer con un buen ratatouille.

LENGUAJE A LA NARANJA

INGREDIENTES

4 soles

110g de mantequilla

110 ml de decocción

1 cucharada de perejil fresco picado

1 cucharadita de paprika

2 naranjas grandes

1 limón pequeño

Harina

Sal y pimienta

DESARROLLO

Derretir la mantequilla en la sartén. Enharina y sazona los lenguados. Freír en mantequilla por ambos lados. Añadir el pimentón, los zumos de naranja y limón y el fumet.

Cocine por 2 minutos a fuego medio hasta que la salsa espese un poco. Decorar con perejil y servir inmediatamente.

TRUCO

Para obtener más jugo de frutas cítricas, caliéntalas en el microondas durante 10 segundos a máxima potencia.

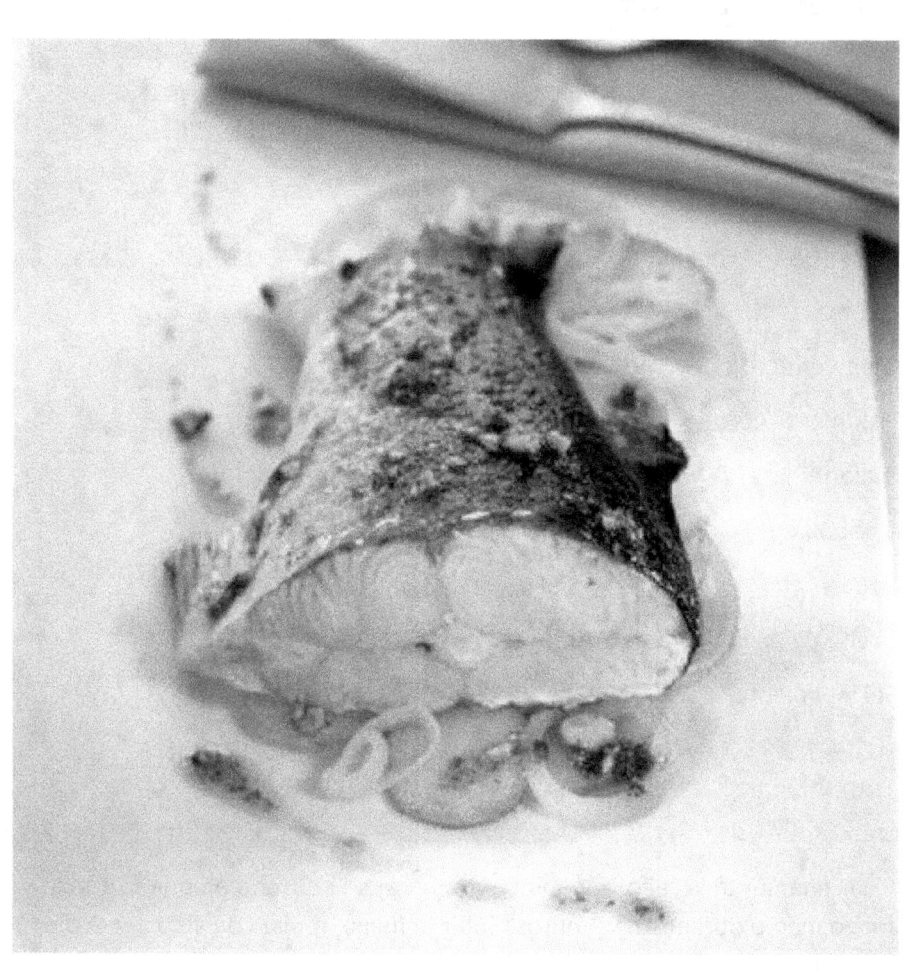

MAR RIOJANA

INGREDIENTES

4 lomos de merluza

100ml de vino blanco

2 tomates

1 pimiento rojo

1 pimiento verde

1 diente de ajo

1 cebolla

Azúcar

aceite de oliva

Sal y pimienta

DESARROLLO

Picar finamente la cebolla, el pimiento y el ajo. Freír todo en una sartén a fuego medio durante 20 minutos. Subir el fuego, mojar con vino y reducir hasta secar.

Agrega los tomates rallados y cocina hasta que pierdan toda el agua. Ajuste la sal, la pimienta y el azúcar si está agrio.

Freír el lomo en una sartén hasta que esté dorado por fuera y jugoso por dentro. Acompañar con vegetales.

TRUCO

Salar la merluza 15 minutos antes de cocinarla para que la sal se reparta de forma más homogénea.

BACALAO CON SALSA DE FRESA

INGREDIENTES

4 lomos de bacalao desalado

400g de azúcar moreno

200g de fresas

2 dientes de ajo

1 naranja

Harina

aceite de oliva

DESARROLLO

Licue las fresas junto con el jugo de naranja y el azúcar. Cocine por 10 minutos y revuelva.

Picar el ajo y dorar en una sartén con un poco de aceite. Eliminar y reservar. Freír el bacalao espolvoreado con harina en el mismo aceite.

Sirve el bacalao con la salsa en un bol aparte y coloca el ajo encima.

TRUCO

Las fresas se pueden sustituir por mermelada de naranja amarga. Entonces solo necesitarás utilizar 100 g de azúcar moreno.

trucha en escabeche

INGREDIENTES

4 truchas

½ litro de vino blanco

¼ litro de vinagre

1 cebolla pequeña

1 zanahoria grande

2 dientes de ajo

4 clavos

2 hojas de laurel

1 ramita de tomillo

Harina

¼ litro de aceite de oliva

Sal

DESARROLLO

Salar la trucha y espolvorear con harina. Freír durante 2 minutos por cada lado en aceite (deben estar crudos en el medio). Eliminar y reservar.

Cuece las verduras en juliana en la misma grasa durante 10 min.

Bañarse con vinagre y vino. Sazone con una pizca de sal, hierbas y especias. Cocine a fuego lento durante otros 10 minutos.

Agregue la trucha, cubra y cocine por otros 5 minutos. Retire del fuego y sirva cuando se enfríe.

TRUCO

Esta receta se come mejor por la noche. El resto le da más sabor. Usa las sobras para hacer una deliciosa ensalada de trucha marinada.

COSTURAS BILBAÍNAS

INGREDIENTES

1 besugo 2 kg

½ litro de vino blanco

2 cucharadas de vinagre

6 dientes de ajo

1 chile

2 dl de aceite de oliva

Sal

DESARROLLO

Cincelar la dorada, salpimentar, añadir un poco de aceite y hornear a 200ºC durante 20-25 minutos. Báñese lentamente con vino.

Mientras tanto, dorar los ajos picados junto con la guindilla en 2 dl de aceite. Humedecer con vinagre y verter sobre la dorada.

TRUCO

Ranurar consiste en hacer incisiones en el pescado para que sea más fácil de cocinar.

CAMARÓN

INGREDIENTES

250 g de gambas

3 dientes de ajo fileteados

1 limón

1 chile

10 cucharadas de aceite de oliva

Sal

DESARROLLO

Poner las gambas peladas en un bol, añadir abundante sal y zumo de limón. Para eliminar.

En una sartén sofreír los ajos y la guindilla fileteados. Antes de que tomen color, añadimos las gambas y las sofreímos durante 1 minuto.

TRUCO

Para más sabor, macerar los camarones con sal y limón por 15 minutos antes de freír.

COPOS DE BACALAO

INGREDIENTES

100 g de bacalao salado rebozado

100g de cebolletas

1 cucharada de perejil fresco

1 botella de cerveza fría

Teñir

Harina

aceite de oliva

Sal y pimienta

DESARROLLO

En un bol ponemos el bacalao, la cebolleta picada finamente y el perejil, la cerveza, un poco de colorante, sal y pimienta.

Revuelva y agregue la harina una cucharada a la vez, revolviendo constantemente, hasta que tenga una masa que tenga la consistencia de avena ligeramente espesa (que no gotee). Dejar durante 20 minutos.

Freír en abundante aceite, vertiendo una cucharada de masa. Cuando estén doradas, sácalas y colócalas sobre papel absorbente.

TRUCO

Si no hay cerveza disponible, se puede hacer con soda.

BACALAO DORADO

INGREDIENTES

400 g de bacalao salado y triturado

6 huevos

4 papas medianas

1 cebolla

Perejil fresco

aceite de oliva

Sal

DESARROLLO

Pelar las patatas y cortarlas en pajitas. Lavar bien hasta que el agua salga clara, luego freírlos en abundante aceite caliente. Temporada de sal.

Cortar la cebolla en bastoncitos juliana. Subir el fuego, añadir el bacalao desmenuzado y cocinar hasta que se acabe el líquido.

En un recipiente aparte, bata los huevos, agregue el bacalao, las papas y las cebollas. Pudrirse ligeramente en la sartén. Sazone con sal y decore con perejil fresco picado.

TRUCO

Tiene que estar ligeramente cuajada para que quede jugosa. Las papas no se salan hasta el final, para que no pierdan su ternura.

CANGREJO VASCO

INGREDIENTES

1 centollo

500g de tomates

75g jamón serrano

50 g de pan rallado fresco (o pan rallado)

25g de mantequilla

1½ taza de brandy

1 cucharada de perejil

1/8 de cebolla

½ diente de ajo

Sal y pimienta

DESARROLLO

Cuece el cangrejo (1 minuto por cada 100 g) en 2 litros de agua con 140 g de sal. Enfriar y retirar la carne.

Cortar la cebolla y el ajo en trocitos junto con el jamón cortado en juliana fina. Agregue los tomates rallados y el perejil picado y cocine hasta obtener una pasta seca.

Añadir la carne de centolla, cubrir con brandy y flamear. Añadir la mitad de la miga del fuego y rellenar la centolla.

Espolvorear el resto de la miga por encima y pincelar con la mantequilla cortada en trocitos. Cocinar en el horno hasta que esté dorado por encima.

TRUCO

También se puede hacer con un buen chorizo ibérico e incluso relleno de queso ahumado.

ANCHOLES EN VINAGRE

INGREDIENTES

12 anchoas

300 cl de vinagre de vino

1 diente de ajo

Perejil picado

Aceite de oliva virgen extra

1 cucharadita de sal

DESARROLLO

Colocar las anchoas limpias en un plato llano con vinagre diluido en agua y sal. Dejar en la heladera por 5 horas.

Mientras tanto, macerar el ajo y el perejil finamente picados en el aceite.

Retire las anchoas del vinagre y cúbralas con aceite y ajo. Llevar de nuevo a la heladera por otras 2 horas.

TRUCO

Lavar las anchoas varias veces hasta que el agua salga clara.

BACALAO MARCA

INGREDIENTES

¾ kg de bacalao desalado

1 dl de leche

2 dientes de ajo

3dl de aceite de oliva

Sal

DESARROLLO

En una cacerola pequeña a fuego medio, caliente el aceite de oliva y el ajo durante 5 minutos. Añade el bacalao y cocina a fuego muy lento durante otros 5 minutos.

Calentar la leche y ponerla en un vaso de batidora. Añadir el bacalao sin piel y el ajo. Bate hasta obtener una buena masa.

Agregar aceite sin dejar de batir hasta obtener una masa uniforme. Sazonar con sal y gratinar en el horno a máxima potencia.

TRUCO

Se puede comer sobre pan tostado y espolvoreado con un poco de alioli.

POLVO EN ADOBO (BIENMESABE)

INGREDIENTES

500 g de cazón

1 taza de vinagre

1 cucharada plana de comino molido

1 cucharada sopera de pimentón dulce

1 cucharada plana de orégano

4 hojas de laurel

5 dientes de ajo

Harina

aceite de oliva

Sal

DESARROLLO

Poner el cazón previamente troceado y limpiarlo en un recipiente hondo.

Agrega un puñado de sal y cucharaditas de pimentón, comino y orégano.

Machacar los ajos con la piel y añadir al recipiente. Partir las hojas de laurel y añadirlas. Por último, añade un vaso de vinagre y otro vaso de agua. Descanso por la noche.

Secar los trozos de cazón, enharinar y freír.

TRUCO

Si el comino está recién molido, agregue solo ¼ de una cucharada rasa. Se puede hacer con otros pescados como palometa o rape.

ENCURTIDOS DE CÍTRICOS Y ATÚN

INGREDIENTES

800 g de atún (o bonito fresco)

70 ml de vinagre

140ml de vino

1 zanahoria

1 puerro

1 diente de ajo

1 naranja

½ limón

1 hoja de laurel

70ml de aceite

Sal y pimienta

DESARROLLO

La zanahoria, el puerro y el ajo se cortan en bastones y se fríen en un poco de aceite. Cuando las verduras estén blandas, humedecer con vinagre y vino.

Agrega la hoja de laurel y la pimienta. Sazone con sal y cocine por otros 10 minutos. Añadir la ralladura y el jugo de los cítricos y el atún cortado en 4 trozos. Cocine por 2 minutos más y reserve tapado.

TRUCO

Sigue los mismos pasos para hacer un delicioso adobo de pollo. Simplemente dore el pollo antes de agregarlo a la cazuela de adobo y cocine por otros 15 minutos.

ABRIGO DE CAMARONES

INGREDIENTES

500 g de gambas

100 g de harina

½ dl de cerveza fría

Teñir

aceite de oliva

Sal

DESARROLLO

Pelar los camarones sin quitarles la punta de la cola.

En un bol, mezclar la harina, un poco de colorante alimentario y la sal. Introducir poco a poco y seguir batiendo la cerveza.

Coger las gambas por la cola, pasarlas por el rebozado anterior y freírlas en abundante aceite. Retirar cuando estén doradas y reservar sobre papel absorbente.

TRUCO

Puede agregar 1 cucharadita de curry o pimentón a la harina.

BRIDA DE ATÚN CON ALBAHACA

INGREDIENTES

125 g de atún en aceite en lata

½ litro de leche

4 huevos

1 rebanada de pan de molde

1 cucharada de parmesano rallado

4 hojas de albahaca fresca

Harina

aceite de oliva

Sal y pimienta

DESARROLLO

Mezcla el atún con la leche, los huevos, el pan de molde, el queso parmesano y la albahaca. Espolvorear sal y pimienta.

Poner la masa en moldes individuales previamente engrasados con grasa y espolvoreados con harina y hornear al baño maría a 170ºC durante 30 minutos.

TRUCO

También puedes hacer esta receta con almejas o sardinas enlatadas.

LA MENIER SUELA

INGREDIENTES

6 soles

250g de mantequilla

50 g de jugo de limón

2 cucharadas de perejil finamente picado

Harina

Sal y pimienta

DESARROLLO

Sazonar y enharinar los lenguados, limpios de cabezas y pieles. Freírlos en mantequilla derretida por ambos lados a fuego medio, con cuidado de no quemar la harina.

Retire el pescado y agregue el jugo de limón y el perejil a la sartén. Cocine por 3 minutos sin dejar de revolver. Poner el pescado con la salsa.

TRUCO

Agregue algunas alcaparras para darle un toque delicioso a la receta.

SOLOMILLO DE SALMÓN AL CAVA

INGREDIENTES

2 filetes de salmón

½ litro de vino espumoso

100 ml de crema

1 zanahoria

1 puerro

aceite de oliva

Sal y pimienta

DESARROLLO

Sazonar y dorar el salmón por ambos lados. Reservar.

Cortar la zanahoria y el puerro en palitos oblongos y finos. Freír las verduras durante 2 minutos en el mismo aceite en el que se hizo el salmón. Humedecer con cava y reducir a la mitad.

Agregue la crema, cocine por 5 minutos y agregue el salmón. Cocine otros 3 minutos y ajuste la sal y la pimienta.

TRUCO

El salmón se puede cocinar al vapor durante 12 minutos y se sirve con esta salsa.

PERCHA BILBAÍNA CON PIQUILTOS

INGREDIENTES

4 lubinas

1 cucharada de vinagre

4 dientes de ajo

pimientos del piquillo

125ml de aceite de oliva

Sal y pimienta

DESARROLLO

Retire los solomillos de lubina. Sazone con sal y pimienta y cocine a fuego alto hasta que estén doradas por fuera y jugosas por dentro. Sacar y reservar.

Picar el ajo y sofreír en el mismo aceite que el pescado. Humedecer con vinagre.

Dorar los pimientos en la misma sartén.

Sirve los filetes de lubina con la salsa por encima y añade el pimentón.

TRUCO

La salsa bilbaína se puede preparar con antelación; luego simplemente recalentar y servir.

RATONES A LA VINAGRETA

INGREDIENTES

1 kg de mejillones

1 vaso pequeño de vino blanco

2 cucharadas de vinagre

1 pimiento verde pequeño

1 tomate grande

1 cebolleta pequeña

1 hoja de laurel

6 cucharadas de aceite de oliva

Sal

DESARROLLO

Limpiar bien las almejas con un estropajo de alambre nuevo.

Colocar los mejillones en una olla con el vino y el laurel. Tape y cocine a fuego alto hasta que se abran. Reserve y deseche una de las conchas.

Hacer una vinagreta picando finamente el tomate, la cebolleta y el pimiento. Sazonar con vinagre, aceite y sal. Revuelva y vierta los mejillones.

TRUCO

Deje reposar durante la noche para intensificar los sabores.

MARMITAKO

INGREDIENTES

300 g de atún (o bonito)

1 litro de caldo de pescado

1 cucharada de pimientos choriceros

3 papas grandes

1 pimiento rojo grande

1 pimiento verde grande

1 cebolla

aceite de oliva

Sal y pimienta

DESARROLLO

Freír la cebolla y el pimiento cortados en cubos. Añadir una cucharada de pimientos choriceros y patatas peladas y troceadas. Revuelva durante 5 min.

Humedecer con caldo de pescado, y cuando empiece a hervir, sazonar con sal y pimienta. Cocine a fuego lento hasta que las papas estén en su lugar.

Apague el fuego, luego agregue el atún cortado en cubitos y sazonado. Ponga a un lado durante 10 minutos antes de servir.

TRUCO

El atún se puede sustituir por salmón. El resultado es sorprendente.

LUBINA A LA SAL

INGREDIENTES

1 lubina

600 g de sal gruesa

DESARROLLO

Destripar y limpiar el pescado. Poner una capa de sal en el plato, poner encima la lubina y cubrir con el resto de la sal.

Hornear a 220ºC hasta que la sal se endurezca y cuartee. Eso es alrededor de 7 minutos por cada 100 g de pescado.

TRUCO

El pescado cocinado en sal no se debe pelar, ya que las escamas protegen la carne de las altas temperaturas. Puedes sazonar la sal con hierbas o añadir clara de huevo.

RATONES DE VAPOR

INGREDIENTES

1 kg de mejillones

1 dl de vino blanco

1 hoja de laurel

DESARROLLO

Limpiar bien las almejas con un estropajo de alambre nuevo.

Ponga los mejillones, el vino y la hoja de laurel en una cacerola caliente. Tape y cocine a fuego alto hasta que se abran. Deseche los que no hayan sido abiertos.

TRUCO

En Bélgica es un plato muy popular, acompañado de unas buenas patatas fritas.

merluza gallega

INGREDIENTES

4 lonchas de merluza

600g de patatas

1 cucharadita de paprika

3 dientes de ajo

1 cebolla mediana

1 hoja de laurel

6 cucharadas de aceite de oliva virgen extra

Sal y pimienta

DESARROLLO

Caliente el agua en una cacerola; agregue las papas rebanadas, la cebolla picada, la sal y la hoja de laurel. Cocine por 15 minutos a fuego lento hasta que todo esté suave.

Añadir las láminas de merluza aliñadas y cocinar 3 minutos más. Escurrir las patatas y la merluza y pasarlo todo a una cazuela de barro.

Freír el ajo picado o picado en una sartén; cuando estén dorados, retirar del fuego. Añadir el pimentón, mezclar y verter la salsa sobre el pescado. Servir rápidamente con un poco de agua hirviendo.

TRUCO

Es importante que la cantidad de agua sea sólo la suficiente para cubrir las lonchas de pescado y las patatas.

merluza koskera

INGREDIENTES

1 kg de merluza

100 g de guisantes cocidos

100g de cebolla

100 g de mejillones

100 g de camarones

1 dl de caldo de pescado

2 cucharadas de perejil

2 dientes de ajo

8 espárragos

2 huevos duros

Harina

Sal y pimienta

DESARROLLO

Cortar la merluza en rodajas o solomillos. Sazonar y enharinar.

Rehogar la cebolla y el ajo finamente picados en una cacerola hasta que estén tiernos. Aumente el fuego, agregue el pescado y dórelo ligeramente por ambos lados.

Humedecer con fumet y cocinar durante 4 minutos removiendo constantemente la olla para espesar la salsa. Agregue los camarones pelados, los espárragos, los mejillones limpios, los guisantes y los huevos cortados en cuartos. Freír por 1 minuto más y espolvorear con perejil picado.

TRUCO

Salar la merluza 20 minutos antes de cocinarla para que la sal se reparta de forma más homogénea.

CUCHILLOS CON AJO Y LIMÓN

INGREDIENTES

2 docenas de cuchillos

2 dientes de ajo

2 ramitas de perejil

1 limón

Aceite de oliva virgen extra

Sal

DESARROLLO

Poner las navajas en un bol con agua fría y sal la noche anterior para eliminar los restos de arena.

Escúrrelas, colócalas en una sartén, tapa y cocina a fuego medio hasta que se abran.

Mientras tanto, picar el ajo, las ramitas de perejil y mezclar con jugo de limón y aceite de oliva. Aliña las navajas con esta salsa.

TRUCO

Son deliciosos con salsa holandesa o bearnesa (págs. 532–517).

CONSTRUCCIÓN DE CARRETERAS

INGREDIENTES

500 g de escorpión sin cabeza

125 ml de salsa de tomate

¼ de litro de nata

6 huevos

1 zanahoria

1 puerro

1 cebolla

Migas de pan

aceite de oliva

Sal y pimienta

DESARROLLO

Cuece el cabracho durante 8 minutos junto con las verduras limpias y troceadas. Sal.

Triturar la carne de alacrán (sin piel y sin espinas). Poner en un bol con los huevos, la nata y la salsa de tomate. Licue y sazone con sal y pimienta.

Engrasa el molde y espolvorea con pan rallado. Rellena con la masa anterior y cuece al baño maría en el horno a 175ºC durante 50 minutos o hasta que el palito salga limpio. Servir frío o tibio.

TRUCO

Puedes reemplazar el escorpión con cualquier otro pez.

ŻABNICKA CON CREMA DE AJO SUAVE

INGREDIENTES

4 colas de rape pequeñas

50 g de aceitunas negras

400ml de nata

12 dientes de ajo

Sal y pimienta

DESARROLLO

Hervir el ajo en agua fría. Cuando empiecen a hervir, retirar y verter el agua. Repita la misma operación 3 veces.

Luego cocine el ajo en crema agria durante 30 minutos a fuego lento.

Aceitunas secas sin hueso en el microondas para secar. Pasarlos por un mortero y mortero hasta obtener un polvo de aceituna.

Sazonar el rape y cocinar a fuego alto hasta que esté jugoso por fuera y dorado por dentro.

Sazone la salsa. Servir el rape con la salsa por un lado y el polvo de aceitunas por encima.

TRUCO

El sabor de esta salsa es suave y delicioso. Si está muy líquida, dale unos minutos más de cocción. Si por el contrario queda muy espesa, añadir un poco de nata líquida caliente y mezclar.

Merluza a la sidra con compota de manzana y menta

INGREDIENTES

4 supremas de merluza

1 botella de sidra

4 cucharadas de azúcar

8 hojas de menta

4 manzanas

1 limón

Harina

aceite de oliva

Sal y pimienta

DESARROLLO

Sazonar la merluza, enharinar y dorar en un poco de aceite caliente. Retire y coloque en una bandeja para hornear.

Pelar y picar finamente las manzanas y ponerlas en la sartén. Bañar con sidra y hornear durante 15 minutos a 165 ºC.

Saque las manzanas y la salsa. Mezclar con azúcar y hojas de menta.

Servir el pescado con compota.

TRUCO

Otra versión de la misma receta. Espolvorear la merluza con harina, dorarla y colocarla en la sartén con las manzanas y la sidra. Cocine a fuego lento 6 min. Retirar la merluza y dejar reducir la salsa. Luego mezclar con menta y azúcar.

SALMÓN MARINADO

INGREDIENTES

1 kg de filete de salmón

500g de azúcar

4 cucharadas de eneldo picado

500 g de sal gruesa

aceite de oliva

DESARROLLO

En un tazón, mezcle la sal con el azúcar y el eneldo. Ponga la mitad en el fondo de la bandeja. Agregue el salmón y cubra con la otra mitad de la mezcla.

Dejar en la heladera por 12 horas. Retirar y lavar con agua fría. Filetear y cubrir con aceite.

TRUCO

La sal se puede sazonar con cualquier hierba o especia (jengibre, clavo, curry, etc.)

Trucha Con Queso Azul

INGREDIENTES

4 truchas

75 g de queso azul

75g de mantequilla

40 cl de nata líquida

1 vaso pequeño de vino blanco

Harina

aceite de oliva

Sal y pimienta

DESARROLLO

En una cacerola, calentar la mantequilla con un poco de aceite. Freír la trucha enharinada y salada durante 5 minutos por cada lado. Reservar.

Vierta el vino y el queso en la grasa restante después de freír. Cocine, sin dejar de revolver, hasta que el vino casi se acabe y el queso se derrita por completo.

Agregue la crema y cocine hasta obtener la consistencia deseada. Condimentar con sal y pimienta. Salsa de trucha.

TRUCO

Haga una salsa de queso azul agridulce reemplazando la crema con jugo de naranja fresco.

TATAKI DE ATÚN MARINADO EN SOJA

INGREDIENTES

1 lomo de atún (o salmón)

1 taza de soja

1 taza de vinagre

2 cucharadas colmadas de azúcar

ralladura de 1 naranja pequeña

Ajo

sésamo tostado

Jengibre

DESARROLLO

Limpiar bien el atún y cortarlo en lingotes. Dore ligeramente por todos lados en una sartén muy caliente e inmediatamente enfríe en agua con hielo para detener la cocción.

En un bol, mezcle la soja, el vinagre, el azúcar, la piel de naranja, el jengibre y el ajo. Agregue el pescado y deje marinar durante al menos 3 horas.

Pasar por sésamo, cortar en rodajas pequeñas y servir.

TRUCO

Esta receta se debe preparar con pescado precongelado para evitar el anisaka.

Pastel de merluza

INGREDIENTES

1 kg de merluza

1 litro de crema

1 cebolla grande

1 taza de aguardiente

8 huevos

tomate frito

aceite de oliva

Sal y pimienta

DESARROLLO

Cortar la cebolla en juliana y cocinar en una sartén. Cuando esté blanda, añadir la merluza. Cocine hasta que esté listo y desmenuzable.

Luego suba el fuego y vierta el brandy. Reducir y añadir un poco de tomate.

Retire del fuego y agregue los huevos y la crema. Destruir todo. Sazonar al gusto y poner en el molde. Cuece al baño maría en el horno a 165ºC durante al menos 1 hora o hasta que la aguja salga limpia.

TRUCO

Servir con salsa rosa o tártara. Se puede hacer con cualquier pescado blanco deshuesado.

PIMIENTOS RELLENOS DE DORS

INGREDIENTES

250 g de bacalao salado

100 g de camarones

2 cucharadas de tomate frito

2 cucharadas de mantequilla

2 cucharadas de harina

1 lata de pimientos del piquillo

2 dientes de ajo

1 cebolla

brandy

aceite de oliva

Sal y pimienta

DESARROLLO

Cubra el bacalao con agua y cocine por 5 minutos. Sacar y reservar agua para cocinar.

Hervir la cebolla y los dientes de ajo, cortados en trozos pequeños. Pele los camarones y agregue las cáscaras a la sartén de cebolla. Freír bien. Subir el fuego y añadir un chorrito de brandy y tomate frito. Remojar en el agua de cocción del bacalao y cocinar durante 25 minutos. Mezclar y colar.

Freír los camarones picados y reservar.

Freír la harina en mantequilla durante unos 5 minutos, añadir el caldo colado y cocinar durante otros 10 minutos batiendo con unas varillas.

Añadir el bacalao triturado y las gambas fritas. Sazone con sal y pimienta y enfríe.

Rellenar los pimientos con la masa anterior y servir.

TRUCO

La salsa ideal para estos pimientos es la vizcaína (ver apartado de Caldos y salsas).

RADIO

INGREDIENTES

1 kg de calamares enteros

150 g de harina de trigo

50 g de harina de garbanzos

aceite de oliva

Sal

DESARROLLO

Limpiar bien los calamares quitando la piel exterior y limpiando bien el interior. Córtalas en tiras finas a lo largo, no a lo ancho. Sal.

Combinar la harina de trigo y la harina de garbanzos y pincelar los calamares con la mezcla.

Calentar bien el aceite y sofreír lentamente los calamares hasta que estén dorados. Servir inmediatamente.

TRUCO

Salar los calamares con 15 minutos de antelación y freír en aceite muy caliente.

SOLDADOS DE PAVO REAL

INGREDIENTES

500 g de bacalao salado

1 cucharada de orégano

1 cucharada de comino molido

1 cucharada de colorante alimentario

1 cucharada de pimentón

1 taza de vinagre

2 dientes de ajo

1 hoja de laurel

Harina

aceite caliente

Sal

DESARROLLO

En un bol, mezcla el orégano, el comino, la paprika, el ajo machacado, una taza de vinagre y otra taza de agua y sazona con una pizca de sal. Introducir el bacalao desalado cortado en tiras en el adobo durante 24 horas.

Mezcla el colorante alimentario y la harina. Pintar las tiras de bacalao con harina, escurrir y freír en abundante aceite caliente.

TRUCO

Sirva de inmediato para mantener el interior jugoso y el exterior crujiente.

CREMA DE CAMARONES

INGREDIENTES

125g de gambas crudas

75 g de harina de trigo

50 g de harina de garbanzos

5 hebras de azafrán (o colorante)

¼ cebolletas

Perejil fresco

Aceite de oliva virgen extra

Sal

DESARROLLO

Tostar el azafrán en el horno durante unos segundos envuelto en papel de aluminio.

En un bol mezclar la harina, la sal, el azafrán en polvo, el cebollino picado muy fino, el perejil picado, 125 ml de agua muy fría y las gambas.

Las cucharadas de la masa untada se fríen en una gran cantidad de aceite. Dejar hasta que estén bien doradas.

TRUCO

La masa debe tener una consistencia similar al yogur cuando se mezcla con una cuchara.

Trucha a Navarra

INGREDIENTES

4 truchas

8 lonchas de jamón serrano

Harina

aceite de oliva

Sal

DESARROLLO

Poner 2 lonchas de jamón serrano en cada trucha limpia y eviscerada. Enharina y sazona con sal.

Freír en abundante aceite y retirar el exceso de grasa sobre papel absorbente.

TRUCO

La temperatura del aceite debe ser media-alta para que no se fría solo por fuera y el calor no llegue al interior del pescado.

TARTAR DE SALMÓN CON AGUACATE

INGREDIENTES

500 g de salmón deshuesado y sin piel

6 alcaparras

4 tomates

3 pepinos encurtidos

2 aguacates

1 resorte

jugo de 2 limones

Tabasco

aceite de oliva

Sal

DESARROLLO

Pelar y descorazonar los tomates. Escurrir el aguacate. Picar todos los ingredientes lo más fino posible y mezclar en un bol.

Sazone con jugo de limón, unas gotas de tabasco, aceite de oliva y sal.

TRUCO

Se puede hacer con salmón ahumado u otros pescados similares como la trucha.

vieiras a la gallega

INGREDIENTES

8 vieiras

125g de cebolla

125g jamón serrano

80g de pan rallado

1 cucharada de perejil fresco

½ cucharadita de pimentón dulce

1 huevo duro, picado

DESARROLLO

Picar finamente la cebolla y cocinar a fuego lento durante 10 minutos. Agregue el jamón picado y cocine por 2 minutos más. Agregue los pimientos y cocine otros 10 segundos. Sacar y enfriar.

Una vez frío, colocar en un bol y añadir el pan rallado, el perejil picado y el huevo. Interferir.

Rellenar las vieiras con la mezcla anterior, colocarlas en un plato y hornear a 170ºC durante 15 minutos.

TRUCO

Para ahorrar tiempo, prepárelos con anticipación y hornéelos el día que los necesite. También se puede hacer con vieiras e incluso con ostras.

POLLO EN SALSA CON SETAS

INGREDIENTES

1 pollo

350 g de champiñones

½ litro de caldo de pollo

1 copa de vino blanco

1 ramita de tomillo

1 ramita de romero

1 hoja de laurel

2 tomates

1 pimiento verde

1 diente de ajo

1 cebolla

1 cayena

aceite de oliva

Sal y pimienta

DESARROLLO

Rebane, sazone y dore el pollo a fuego alto. Eliminar y reservar. Sofreír la cebolla, la cayena, el pimiento y el ajo cortados en trocitos muy pequeños en el mismo aceite a fuego lento durante 5 minutos. Suba el fuego y agregue los tomates rallados. Cocine hasta que toda el agua del tomate se haya ido.

Agrega nuevamente el pollo y baña con el vino hasta que reduzca y la salsa esté casi seca. Humedecer con caldo y añadir hierbas aromáticas. Cocine por unos 25 minutos o hasta que el pollo esté tierno.

Aparte, freír los champiñones laminados y salados en una sartén caliente con un poco de aceite durante 2 minutos. Agrégalos al guiso de pollo y cocina por 2 minutos más. Sazone con sal si es necesario.

TRUCO

El resultado es igual de bueno si se hace con rebozuelos.

Pollo escabechado a la sidra

INGREDIENTES

1 pollo

2 tazas de vinagre

4 vasos de sidra

2 dientes de ajo

2 zanahorias

1 hoja de laurel

1 puerro

2 tazas de aceite

Sal y pimienta

DESARROLLO

Cortar, sazonar y dorar el pollo en una olla. Sacar y reservar. Las zanahorias y el puerro cortados en bastoncitos, y los dientes de ajo troceados se fríen en el mismo aceite. Cuando las verduras estén blandas, agregue los líquidos.

Agregue la hoja de laurel y la pimienta, sazone con sal y cocine por 5 minutos más. Agregue el pollo y cocine otros 12 minutos. Párese cubierto lejos del calor.

TRUCO

Se puede guardar en el frigorífico tapado durante varios días. El encurtido es una forma de conservar los alimentos.

POLLO GUISADO CON NUSKALKA

INGREDIENTES

1 pollo grande

150 g de rebozuelos

1 taza de aguardiente

1 ramita de tomillo

1 ramita de romero

2 tomates rallados

2 dientes de ajo

1 pimiento verde

1 pimiento rojo

1 zanahoria

1 cebolla

Caldo de pollo

Harina

aceite de oliva

Sal y pimienta

DESARROLLO

Cortar el pollo en trozos y sazonar con harina. Freír a fuego fuerte con un poco de aceite, retirar y reservar.

En el mismo aceite, sofreír la zanahoria, la cebolla, el ajo y el pimiento cortados en trocitos pequeños durante 20 minutos a fuego lento.

Suba el fuego y agregue los tomates rallados. Cocine hasta que casi toda el agua se haya ido de los tomates. Añadir los rebozuelos limpios y picados. Cocine por 3 minutos a fuego alto, cubra con brandy y deje reducir.

Vuelva a poner el pollo y cubra con el caldo. Agregue las hierbas aromáticas y cocine por otros 25 minutos.

TRUCO

Para este plato se puede utilizar cualquier champiñón de temporada.

FILETE DE POLLO MADRILA

INGREDIENTES

8 filetes de pollo

3 dientes de ajo

2 cucharadas de perejil fresco

1 cucharadita de comino molido

Harina, huevo y pan rallado (para rebozar)

aceite de oliva

Sal y pimienta

DESARROLLO

Mezclar el perejil y el ajo finamente picados junto con el pan rallado y el comino.

Sazonar los filetes y pasarlos por harina, huevo batido y mezcla anterior.

Presionar con las manos para que se pegue bien el empanado. Freír en abundante aceite caliente hasta que estén doradas.

TRUCO

Se pueden gratinar con unas rodajas de mozzarella y tomate concassé (ver apartado Caldos y Salsas) por encima.

FRICANDO DE POLLO CON SETAS SHIITAKE

INGREDIENTES

1 kg de filetes de pollo

250 g de setas shiitake

250 ml de caldo de pollo

150 ml de aguardiente

2 tomates

1 zanahoria

1 diente de ajo

1 puerro

½ cebollas tiernas

1 manojo de hierbas aromáticas (tomillo, romero, laurel...)

1 cucharadita de paprika

Harina

aceite de oliva

Sal y pimienta

DESARROLLO

Cortar los filetes de pollo en cuartos, sazonar y espolvorear con harina. Freír en un poco de aceite a fuego medio y retirar.

Cocine las verduras cortadas en trozos pequeños en el mismo aceite, agregue el pimentón y finalmente agregue los tomates rallados.

Sofreír bien hasta que el tomate pierda toda su agua, subir el fuego y añadir los champiñones. Cocine por 2 minutos, luego sumérjalos en brandy. Deja que se evapore todo el alcohol y vuelve a poner el pollo.

Vierta el caldo y agregue las hierbas aromáticas. Sazone con sal y cocine por otros 5 minutos a fuego lento.

TRUCO

Dejar tapado por 5 minutos para que se mezclen mejor los sabores.

www.ingramcontent.com/pod-product-compliance
Lightning Source LLC
Chambersburg PA
CBHW071239080526
44587CB00013BA/1687